SEXO,
FAMÍLIA e SOCIEDADE

SEXO, FAMÍLIA e SOCIEDADE
José Jacyr Leal Junior

Revisão
Maria Ofélia da Costa

Projeto Gráfico/Capa/Diagramação
José Jacyr Leal Junior

Impressão/Acabamento
Digitop Gráfica Editora

Esta obra não pode ser reproduzida, no todo ou em parte, qualquer que seja o modo utilizado, incluindo fotocópia ou xerocópia, sem prévia autorização do autor. Qualquer transgressão à Lei dos Direitos Autorais estará sujeita às sanções legais.

sarvier
Sarvier Editora de Livros Médicos Ltda.
Rua Rita Joana de Sousa, nº 138 – Campo Belo
CEP 04601-060 – São Paulo – Brasil
Telefone (11) 5093-6966
sarvier@sarvier.com.br
www.sarvier.com.br

Dados Internacionais de Catalogação na Publicação (CIP)
(Câmara Brasileira do Livro, SP, Brasil)

Leal Junior, José Jacyr
  Sexo, família e sociedade / José Jacyr Leal Junior. -- São Paulo : Sarvier Editora, 2021.

  ISBN 978-65-5686-015-2

  1. Educação 2. Família 3. Sexo 4. Sexualidade 5. Sociedade I. Título.

21-55621   CDD-370

Índices para catálogo sistemático:
  1. Sexo, família e sociedade : Educação 370
Cibele Maria Dias – Bibliotecária – CRB-8/9427

Sarvier, 1ª edição, 2021

SEXO,
FAMÍLIA e SOCIEDADE

JOSÉ JACYR LEAL JUNIOR

Médico, Especialista em Ginecologia, Obstetrícia e Ultrassonografia. Nascido em 08 de maio de 1960, brasileiro, natural de Curitiba – PR. Médico do Corpo Clínico Hospital Santa Cruz e Santa Brígida. Diretor Médico do Centro de Avaliação Fetal Batel SS Ltda. Presidente do Instituto Jacyr Leal e FRAT.ER BRASIL Ltda. Idealizador do Programa SUPERCONSCIÊNCIA/FAMÍLIA DO FUTURO. Criador do Método Prático MEDICINA CONATIVA.

sarvier

Agradecimento

Agradeço a cada uma das mulheres que ao confiarem e levarem ao meu consultório médico angústias, dúvidas, alegrias e amores, ensinaram-me a enxergar a vida pelos olhos delas e, desse modo, possibilitaram que eu me tornasse um ser humano cada vez melhor.

Agradeço à jovem púbere, iniciante no mundo dessas maravilhosas emoções, que mesmo sem saber o que e por que sentia, muito menos por onde caminhar, falou com o coração, carregada de "gigantes esperanças de amor". Quem seria eu para tirar dela tantos deliciosos sentimentos e gratas ilusões?

Agradeço à mulher madura, prova de relacionamentos que valem a pena, que por confiar a mim as grandes aventuras e felicidade entre quatro paredes, atestando aquela doce "esperança de amor", permitiu-me apoiar e aprender sempre mais sobre a vida.

Agradeço a tantas idosas que, mesmo após a perda dos amados maridos, contam em segredo máximo que adoram sair, cantar e dançar (e amar), mesmo que ainda com as muitas boas lembranças daquele amor tão caro que partiu. Como não acreditar nessa força da Vida?

Foram muitas as histórias que me ensinaram a ouvir melhor as mulheres, algumas que, por sofrerem também desilusões, esqueceram-se daquelas "gigantes esperanças de amor". No entanto, agradeço também a cada uma delas que com muita coragem trouxeram essas dores para mim, permitiram-me ouvir com a alma, receber com o coração e, mais uma vez ainda confiantes na vida, também permitiram eu tentar reacender nelas a esperança da jovem púbere, as aventuras da mulher madura e a felicidade de incríveis idosas.

Finalmente, agradeço a Deus, a natureza Dele, por termos todos uma vida repleta de força e oportunidades, libido que pode e deve manter-se acesa, intensa, principalmente hoje..., à noite, ou a qualquer hora, em segurança, no escuro ou com uma suave luz que ajuda a vivermos sonhos e realidades entre quatro paredes.

O Autor

Sumário

EPÍGRAFE 9

PREFÁCIO 11

INTRODUÇÃO 17

Capítulo I
SOMOS UM PONTO NO UNIVERSO 21

Capítulo II
QUANTO TEMPO PARA CRESCER? 26

Capítulo III
DE ONDE VIEMOS, POR QUE PARAMOS? 29

Capítulo IV
SEGUE O BAILE 36

Capítulo V
BEM MAIS PERTO DA GENTE 42

Capítulo VI
CAMINHANDO PELA... 44

Capítulo VII
QUASE LÁ... 46

Capítulo VIII
ONDE PARAMOS, ONDE (Re)COMEÇAMOS 50

Capítulo IX
FOI BOM PARA VOCÊ? 59

Capítulo **X**
CONSEQUÊNCIAS IMEDIATAS 64

Capítulo **XI**
FASES DA VIDA, HOJE CONTURBADAS............................ 71

Capítulo **XII**
ESSES MERECEM UM CAPÍTULO À PARTE..................... 76

Capítulo **XIII**
CINEMA E *MARKETING* 81

Capítulo **XIV**
O QUE OFERECER AOS NOSSOS FILHOS 84

Capítulo **XV**
QUANTO DE AMOR VOCÊ AGUENTA?................................ 92

Capítulo **XVI**
FREUD NÃO PULA ETAPAS.. 95

Capítulo **XVII**
QUE RESPOSTAS DAREMOS A ESSES JOVENS? 101

Capítulo **XVIII**
NOSSAS POSIÇÕES DIANTE DO MUNDO........................... 107

Capítulo **IXX**
E QUANTO AOS ADULTOS?... 113

Capítulo **XX**
DUAS PEQUENAS HISTÓRIAS REAIS 118

POSFÁCIO 122

BIBLIOGRAFIA.. 124

BREVE CURRÍCULO 126

Epígrafe

*Ao jovem, e a todos aqueles que passaram
pela juventude, nunca deixe de acreditar
na Verdade, em seu coração e em sua
própria alma, na sua capacidade de
descobrir os melhores caminhos.
A inteligência é um dom entregue
a você pelo universo.
Nossa evolução permitiu chegar até
aqui e abre caminho para o infinito.
Nunca deixe que ninguém tire esses
pensamentos de você e duvide daqueles
que não acreditam em si mesmos.
Às vezes, muitas vezes, não fazem por
mal, mas por medo de você seguir
e eles ficarem para trás, sozinhos.*

O Autor

Prefácio

Lendo. Relendo. Refletindo, encontro-me diante do compromisso, decisão e desafio de prefaciar um livro que entendo, seja muito mais do que isso.

Considero-o sim como um grito de alerta, uma luz na escuridão dos tempos sombrios contemporâneos e um chamamento à razão de muitos jovens, de pais, de educadores e de todos nós que acessarmos a ela.

Esse chamamento tornar-se-á um alerta quando nos deparamos com os textos provocativos que descrevem fatos reais, de impactos na vida e de compromissos com as consequências de escolhas feitas ao longo do "viver cotidiano".

Tais consequências se apresentam, mesmo que de modo sutil e cauteloso, pois, não raro, nos esquecemos de fazer reflexões necessárias e úteis sobre as opções e escolhas que tenhamos feito ao longo da vida e sobre as consequências inevitáveis que se apresentam em nosso processo de desenvolvimento.

Portanto, de modo brilhante o autor – Dr. José Jacyr Leal Júnior – nos coloca frente a frente com fatos da vida real e apresenta de maneira esclarecedora e direta exemplos e relatos vivenciados em sua trajetória profissional nas áreas da saúde e da formação de pessoas que abraçou há algum tempo, na qual tem tratado de temas desses "viveres cotidianos" e, com isso, vem contribuindo de modo indelével para um despertar de consciências cujas decorrências o tempo possibilitará a que sejam mensuradas.

Afirmo convicta que a leitura e releitura dos textos desta obra me fez rever e reviver fatos e repensar muitas escolhas que eu, como filha, mãe e professora fiz ao longo dos meus mais de setenta aninhos.

Então, nesses repensares, deparei-me com o fato de que em minhas escolhas também tive e tenho ainda muitos desconhecimentos e muitas inquietudes sobre as valorações e os princípios que recebi por meio da educação familiar, escolar e social e que foram se tornando arraigados em minha trajetória de formação humana e profissional.

Consequentemente também influenciaram minhas decisões cotidianas pelos caminhos, rumos e percursos que trilhei e – espero possa trilhar por muito tempo ainda – por conta dessas mesmas decisões.

Afinal, sempre me entendi um "Ser pleno de livre arbítrio", o que me fez aprender a não me furtar e compromissar-me com as consequências que essa liberdade decisória apresentou em minha vida e na vida daqueles que, de algum modo, estiveram e/ou estão próximos. Entre eles o Doutor José Jacyr Leal Jr.!

Impossível negar que, ao aceitar a incumbência honrosa de preparar este prefácio, as reflexões sobre qual rumo tomar – mais acadêmico, mais profissional, mais sensibilizada pela amizade que me liga ao autor e também me ligou ao seu pai – saudoso DOUTOR JACYR LEAL – me fizeram mais cautelosa.

A decisão foi ler, reler, escrever, reescrever e então deixar o coração falar e desvelar aqui a admiração, o apreço e o carinho que tenho por esse jovem que conheci seguindo os rumos de seu pai na medicina e, posteriormente, tornou-se pessoa de nossa confiança, amizade e respeito e tenho acompanhado em muitos momentos quando da decisão de iniciar-se pelos caminhos da escrita, das palestras originais e motivadoras e com isso passou a "orientar e formar pessoas". E, diga-se de passagem, o faz com esmero e competência ímpar.

Esse conviver, estar presente e trocar de experiências mútuas, bem como muitos aprendizados obtidos nessa convivência de algumas décadas com o autor, permite-me dizer aqui que essa obra fazia falta no universo da formação de pessoas.

Fazia falta, pois sua leitura certamente possibilitará que essas pessoas a tomem, não como manual de bom comportamento, mas como linhas e textos indicativos para que a tomada de decisões livres seja mais reflexiva e permeada pelo indispensável aprofundamento sobre as decisões e as opções de vida, bem como pelas consequências imediatas e futuras sobre os fazeres pessoais na vida dessas pessoas, servindo-lhes de apoio no processo de amadurecimento.

Por sua vez, há outros aspectos quando tratamos da questão de decisões e escolhas na vida cotidiana de cada um de nós, e um deles reflete os desconhecimentos sobre a profundidade e abrangência de muitas dessas escolhas e decisões que nos movem de algum modo quando as valoramos. Tais desconhecimentos relacionam-se à tomada de decisões e às valorações e princípios que nos movem em nossas ações cotidianas que, não raro, pelo "apressar da vida" ocorrem sem claro entendimento sobre as consequências que, de alguma maneira, acompanham e impactam substancialmente nosso desenvolvimento e os percursos vivenciais de todo o ser humano.

Esses desconhecimentos das razões, das causas e das respectivas consequências daquilo que nos move, porque e para onde nos movemos muitas vezes por meio de escolhas precipitadas, provocam sofrimentos, angústias, indecisões e desejos reprimidos e, não raro, nos faz tomar atalhos nesse percurso vivencial.

Atalhos esses que, de modo consciente ou inconsciente, nem sempre seguem as trilhas e os caminhos do amor, da paz, da serenidade, da responsabilidade e do respeito mútuo, do bem viver ou de maneiras outras de expressar quem somos, o que sentimos e o que almejamos verdadeiramente para nossas vidas terrenas.

Atalhos esses que influenciam nossas vidas e também as convivências – estar com e para o outro – e poderão afetar de modo não adequado àquelas pessoas com as quais interagimos, convivemos e trocamos experiências em nosso dia a dia.

Por meio desses entendimentos, os relatos e os textos aqui apresentados pelo autor revelam-se como um soar benfazejo permeado por relatos de vidas, pela apresentação de declarações e experiências vivenciadas em suas práticas profissionais, com o necessário respaldo ao sigilo profissional que é inerente ao seu campo de atuação – a vida humana e seus contextos de desenvolvimento.

Esses relatos são apresentados permeados pela boa verve, pelo humor sadio e pela criatividade inerente ao autor e que, brilhantemente, aqui os descreve e assim nos oportuniza conhecer mais as pessoas e assim melhor entender o que as move, o que as influencia e como se sentem em seus agires e tomadas de decisão.

É provocador entender o quanto essas experiências e relatos de vidas foram decisivos na trajetória profissional desse "jovem doutor Jacyr" e, ao seu tempo, foram sendo registrados na memória e agora nas páginas aqui descritas e, ao seu modo, foram enriquecendo o autor e complementando seus estudos sobre o ser humano e seu desenvolvimento físico, de tal sorte que somos brindados com a oportunidade de conhecê-los e assim conhecermos um pouco mais do profissional que trata os corpos, que auxilia a chegada de novos seres à luz da vida e que, em sua espiritualidade (não religião, por favor), nos fala aos corações.

E fala mais ou menos assim, quando em nossas trocas de experiências, há tempos me disse: "Amiga, já trouxe à luz da vida, já vi nascer miríades de crianças, miríades de seres humanos, mas nunca vi nascer ali nas salas de parto um bandido, um drogado ou um assassino!"

E assim, com falas fortes e ao mesmo tempo singelas, foi sendo feita a tessitura de nossa amizade, da admiração recíproca, dos aconselhamentos que fortaleceram os laços de há muito entremeados e aumentaram o respeito pelo profissional que briga comigo, pelo ser humano que ama a vida e a vida de sua filhinha e de sua Cláudia e que amou incondicionalmente sua mamãe que o levou ao "desejo de cuidar" e seu papai que o orientou pelos caminhos da medicina, um belo modo desse cuidar.

Pelo estímulo resultante dessa nossa convivência, sinto-me honrada e corresponsável pelo fato que essas falas, resultados dos improvisos momentos roubados do trabalho, das palestras que assisti e pelas muitas que meus afazeres e viagens Brasil afora não me permitiram assistir, "ganharam vida" aqui nesta obra!

Portanto, entendemos pertinente parafrasear o Dr. Jacyr em um trecho que destaquei e que, no amadurecimento intelectivo e humano que se consolida dia a dia nesse amigo, entendo extremamente pertinente e revelador da profundidade do que os textos do livro apresentam e, assim, tomei a liberdade de retirar do texto a seguinte premissa que aqui destaco: "A verdadeira espiritualidade é evidenciada pelo quanto amamos os outros, sempre espelhando o que de bom aprendemos de nós mesmos. Por isso mesmo o "amar a Deus sobre todas as coisas e ao próximo como a si mesmo" oportunizará esse crescimento mútuo e solidariamente situado, pois, afinal, como o autor também afirma: "Somos uma unidade na diversidade em amor"!

A premissa revela a compreensão ampla sobre a importância da amorosidade terrena, necessária ao nosso desenvolvimento pessoal e social, revela-se útil na busca constante pela realização plena dos nossos projetos de vida e situa-se como determinante para a compreensão de que o êxito profissional, o sucesso em todas as empreitadas em nossas vidas, não raro se sobrepõe e se faz motor de buscas constantes e com isso poderá nublar a importância da dimensão humana. Afinal, ser feliz é o desejo maior. Ser feliz é a almejada razão da vida. Ser feliz é a aspiração ampla de todos e de cada um. E para tanto muito se faz, muito se desdobra e muito nos envolvem os desejos e as ambições.

E, sem sombra de dúvidas, nesses percursos em busca da constituição efetiva dessa amorosidade e felicidade terrena, o autor mostra que será preciso sempre e cotidianamente buscar essa construção que pela evolução e maturação física, cognitiva, psicológica e sociocultural de cada um de nós se revelará em nossas capacidades, competências e habilidades para alcançar e realizar desejos, ambições e vontades pessoais, profissionais e sociais.

A leitura dos textos deste livro não deverá ser feita apressadamente, mas sim ser "degustada em silenciamentos necessários" e com isso se revelar que a ampliação das possibilidades plenas e a realização das condições para sermos mais capazes de **Ser** e de **Conviver** buscando construir em cada dia e em cada ação uma vida mais digna e mais contextualizada diante dos desmandos que a própria razão humana tem efetivado e cujas consequências, de modo sutil ou direto, influenciam nossas vivências e nossas ações cotidianas.

E nesses percursos vivenciais a leitura das páginas desta obra revelará muitos indicativos para que esses percursos de vida sejam plenos. Sejam humanamente construídos e, acima de tudo, sejam fatores de amadurecimento do entendimento sobre "a vida e seus viveres" para todos que a lerem.

Para mim já o foi!

Zita Ana Lago Rodrigues – aprendiz de Filósofa, Mestre e Doutora em Educação – PhD

Introdução

Certo dia uma senhora fez a mim um pedido que eu não podia e nem deveria recusar, no entanto, aquele desafio me assustou e, a princípio, não aceitei. Psicóloga, dona de posições fortes e atitudes próprias daquelas pessoas que sonham e lutam com garra pelo que acreditam:

- "Zé!" (como ela costumava me chamar). - "Faz uma palestra sobre sexualidade para um grupo de jovens evangélicos"?

Sorri e perguntei se ela realmente gostava de mim.

Eu..., falar o que penso sobre sexo e sexualidade, para evangélicos, acho que não vai dar muito certo.

- "Não, obrigado, provavelmente eles não irão gostar do que eu penso e procuro transmitir às minhas pacientes".

E deixamos assim como estava.

Porém, aquele pedido martelou minha cabeça durante todo o dia. Lembrei-me das mães que chegam em meu consultório com sérias crises de medo e angústia, filhas grávidas, ainda muito jovens, solteiras, sem falar nos pais, os homens que não sabem o que pensar e como agir.

Recordei a quantidade de brigas que presenciei com "adultos" horrorizados porque as filhas não eram mais virgens e um sem-fim de problemas nessa área, tão cara a todos nós.

Eu tentava sempre administrar aquelas verdadeiras panes familiares, hoje e por mais de trinta e cinco anos.

Agora..., um pedido para uma palestra?

Gritava em minha mente muito da frustração e penosa agonia que o tema sexo provoca nos relacionamentos, e sim, eu poderia ajudar. Contudo, rondava o medo das fortes reações que eu certamente iria provocar.

Como eu poderia ministrar àquele grupo cristão sem afrontar crenças, ofender valores, machucar ou criar problemas ainda maiores?

- Prazer, atração, oportunidade, frequência das relações sexuais, manipulação psíquica, sedução, virgindade, diversidade... Amor.

Enfrento quase todos os dias o fenômeno irracional da falta de entendimento nesse campo da vida humana e sou testemunha de muita dor, dúvidas e do enorme sofrimento por parte de mulheres e homens, de todas as idades.

Alguém pode pensar assim hoje?

- Sim! E não são poucos.

Como ginecologista atendo, recebo e acolho, apesar de não colocar sexualidade como uma de minhas subespecialidades, ainda assim estudo e interesso-me pelo tema, também para minha vida e os desafios para a minha própria família. Sem contar a curiosidade que me persegue por tantos assuntos em tudo o que se refere à humanidade.

Nos momentos agudos de drama familiar que presencio, sempre penso que essas dificuldades não precisariam estar acontecendo se eu tivesse oportunidade de falar um pouco mais sobre o que acredito, antes dos problemas, e para muito mais pessoas.

Talvez esse seja o momento.

Deixe-me antecipar e repetir o que sempre insisto:

- Não sou dono da verdade. Apenas posiciono-me para discutir alguns pontos de vista, que podem, sim, mudar histórias.

O convite para a palestra não saía da minha mente. Finalmente poderia falar para muitas pessoas ao mesmo tempo, diferente de uma a uma no consultório, e iniciaria logo com um grande e difícil teste, um público delicado em relação aos pensamentos que iria propor.

Dúvidas..., dúvidas. Respeito!

Como descrevi até aqui, saí de casa pensativo, após negar o convite-desafio. Era uma manhã de sábado. Por momentos, tinha certeza de que não faria a palestra nem sequer a produziria. Meu receio ainda se apresentava maior que a força no pedido daquela psicóloga.

A lembrança da dor emocional das pessoas em meu consultório fugia e retornava à minha mente o tempo todo e meu coração ficava cada vez mais apertado. Tive vontade de chorar.

Em meu carro, a caminho do hospital para atender uma paciente, liguei o rádio e comecei ali a ouvir um debate. Nem sei exatamente qual era o tema, pois já havia começado. Porém, desenvolviam uma amigável discussão entre CIÊNCIA, FILOSOFIA E RELIGIÃO. - "Quem tem razão, afinal"? Questionava o moderador.

Falas bem interessantes.

A partir dessa escuta dei-me conta que eu poderia e deveria ajudar aqueles jovens e muito mais gente, intrometendo-me com as minhas ideias nessa área, sem rígidas confirmações acadêmicas (científicas), sem certezas reflexivas (filosóficas), sem verdades dogmáticas (religiosas), mas, com uma enorme abertura, determinação e vontade no coração.

Curioso como Deus e o universo atuam em nossas vidas. Um convite..., uma recusa..., e Ele...me faz ligar o rádio... e o universo, a minha antena me faz ouvir.

Afinal, sou médico, pensei. Posso e devo cuidar das pessoas, e com suficiente carinho "provocar" Opiniões, "estremecer" Preconceitos.

Então, ali mesmo, passei a ter enorme interesse em saber como seria ter meus loucos pensamentos escritos de modo organizado e não mais discorridos individual e aleatoriamente em cada consulta.

Cheguei em casa, abri o notebook e.... deu no que deu:

- SEXO, FAMÍLIA E SOCIEDADE.

Naquela manhã, a conversa entre especialistas em Ciência, Filosofia e Religião ofereceu a coragem suficiente para enfrentar o desafio.

Fiz a palestra para os jovens cristãos.

O resultado foi muito bom.

Depois, e aos poucos, aprimorei.

Mais tarde, escrevi este livro que está agora em suas mãos, sobre os anos em que vi, vivi e... Bem, vencer é obter bons resultados, é perceber lábios (re)começarem a sorrir, olhos a brilhar, feições de alívio e espanto enquanto falo para tantas plateias, durante minhas apresentações.

Quero, e cada vez mais, fazer pessoas amadas pararem de chorar o choro doído, mudarem o jeito de colocar o corpo meio de lado, fletido, em defesa devido à imensa agonia, como um pedido para desaparecerem do mundo, por medo, vergonha, e aquela frase de sempre:

- *"Por favor..., meu pai não poderá saber disso nunca"*.

Quero mais sorrisos voltando, mais corpos recuperando em uma postura adulta nas cadeiras à medida que falo, quero sim testemunhar grandes mulheres, com 15 ou 16 anos de idade, com uma nova atitude forte e decidida para encontrar diálogo e apoio nos pais e em si mesmas, então, posso dizer que Sim, venci.

Melhor, vencemos, todos nós.

Entraram muitas jovens meninas em meu consultório nesses últimos tempos e, em menos de uma hora de conversa e questionamentos, saíram de lá mulheres. Já eram mulheres, apenas não sabiam disso. Passaram a conhecer e se apropriar de uma sólida certeza no coração que fará toda diferença na vida de cada uma delas, dos pais..., e na vida das crianças que um dia elas carregarão no precioso ventre, aguardando a oportunidade para nascer em famílias mais conscientes, preparadas e felizes.

Folheie este livro devagar e com carinho. Espero sinceramente que você goste do que irá ler, e não só isso, aproveite muito a jornada e compartilhe essas discussões com quem ama. Tenho certeza de que você sabe que há muito ruído e desvios de informações sobre os temas sexo e sexualidade, há muita ignorância e arrogância sobre tudo que envolva desejo, impulsos e prazer sexual, levando a diversas formas de violência.

Por isso mesmo tem muita gente pedindo, precisando de socorro exatamente agora, neste momento em que você está aqui "olhando para mim". Sim, eu sou também este livro. Escrito para você.

Perdoe-me, portanto, algum assunto que, por não estar "de acordo" com seus conceitos, não lhe agrade. Contudo, tenha certeza, estou tentando fazer alguma coisa "a mais" por todas as pessoas que vi chorarem, muito, em meu consultório.

Ajude-nos nesse caminho, participe, e..., divirta-se.

Sexo faz muito bem para a alma, o coração e a cabeça!

Capítulo **I**

Somos Um Ponto no Universo

Certa vez acompanhei a exposição de um famoso filósofo que descrevia a pequenez da humanidade perante o universo para assim comprovar nossa insignificância. O objetivo do "pensador" era, usando ironia, delatar e combater a arrogância humana. Compreendo, mas, prefiro elevar cada um de nós a um ponto até maior daquele que... merecemos.

Gosto de afirmar que somos sim um pequeno grão de matéria, energia e amor fluindo pelos campos celestiais. Acredite, apesar disso, ou até por isso, temos grandeza, importância..., e testifico com esta frase:

- "Valemos tanto, que Ele ofereceu o próprio filho para nos dar a vida eterna". Uso aqui não de modo religioso, mas poético.

Para começar quero dizer que há em todo o universo, desde sua fundação, uma força gigantesca, difícil de imaginar, que é um IMPERATIVO PARA O AMOR. Uma "ordem", uma obrigação, forte energia que impulsiona tudo e a todos para atração, aproximação, união e convivência em justiça, compaixão, tendo como objetivos crescimento e multiplicação.

O imperativo de amor perpassa nosso nascimento, dá sinais na infância e explode em um evento quase mágico que chamamos de Puberdade. E por que não, mágico?

Sem saber ao certo como conviver diariamente com tal força, impomos freios ao impulso, negação ao comando e à obrigação, e o Homem acabou criando "fortes reações para limite e controle".

Posso dizer que ainda não percebemos quanto amor está presente em cada átomo da nossa existência. Por medo, desconhecimento ou até necessidade, preferimos negar, limitar essa força benigna e positiva, muitas vezes distorcida, incompreendida, o que provoca em todos nós reações de destruição e dor. Sofrimentos ruins diários e desnecessários.

Atacar o que não conhecemos está em nossa raiz biológica. Defesa! Assusta-nos tudo aquilo que possa trazer algum risco ou insegurança. Já passou da hora de, definitivamente, aprendermos a amar.

E por falar em riscos...

"HOUSTON – WE HAVE A PROBLEM"!

Enquanto ouvia aquele debate, que comentei na introdução deste livro, e dirigia meu carro, essa frase acima veio à minha cabeça: traduzindo, *"Houston, temos um problema"*. Vinda de um astronauta, essa mensagem viajou pelo espaço até a Terra e fez o mundo tremer na década de 1970.

Era abril 1970 e eu estava com quase 10 anos de idade, mesmo assim recordo bem porque havia muita expectativa e medo por todo lado. A espaçonave Apolo XIII aproximava-se da Lua levando três homens a bordo. Pouco antes de iniciarem os procedimentos de aproximação e alunissagem, algo aconteceu. Um acidente na espaçonave que deveria pousar em pouco tempo. Aqui na terra, a NASA imediatamente recebeu por rádio esse simples, direto e tenso..., comunicado:

- *"Houston – We have a problem"*!

Tente imaginar a situação:

- Três astronautas altamente treinados, encerrados em uma minúscula cápsula de metal, viajando há milhares de quilômetros da Terra, tentando resolver grave situação de risco absoluto para a vida, munidos apenas com a parca tecnologia da época. Manter a calma, pensar, calcular, desistir da alunissagem, contornar a lua para ganhar velocidade e retornarem inteiros para casa. Eles conseguiram.

Tom Hanks, grande ator, imortalizou essa aventura no cinema e, como habitualmente fazia, representou de maneira magnífica.

Tenha paciência, à medida que segue o texto, você compreenderá por que escrevi esse acontecimento na história humana.

Qual questão a nossa "Ciência" atual solicitaria pelo rádio aos astronautas para ela mesma avaliar e tentar resolver essa situação?

- *"Vocês têm alguma 'prova' disso"*?

E, qual a posição da Filosofia para enfrentar o mesmo problema?

- *"Vocês já 'refletiram' bem sobre isso"?*

Por fim, qual a fala da religião sobre um fato como esse?

- *"Calma. Tenham 'Fé'. Vamos orar para que dê tudo certo"*.

Criei uma descrição fictícia (e boba) para um evento grave e real. Contudo, de certa maneira, não estou brincando, porque "astronautas treinados", mas assustados com as reações das "três maiores fontes de conhecimento" criadas pela humanidade, diriam assim:

- *"Ok, Houston, mas, enquanto vocês discutem sobre provas, pensamentos e orações, ainda temos um grande problema"*!

De fato, a verdade científica exige prova, a verdade filosófica exige muito embate reflexivo e a verdade religiosa, exige revelação e Fé. Quem traria a resposta mais adequada para os angustiados astronautas lá, tão longe (e tão perto)? - Talvez ninguém ou, pensando melhor, TODOS!

Verdades únicas apenas criam grandes problemas.

Todos nós carregamos parte de uma verdade, todos nós temos parte importante das respostas que precisamos. No entanto, possuímos o péssimo hábito de cada um querer resolver os problemas do mundo sozinho. Cada qual com uma verdade própria, que defende e acredita. Desenvolvo melhor esse assunto no tema Verdade, Realidade e Insanidade.

O pior, é que o homem "regular" ainda promove enormes discussões, em todo o mundo, a toda hora, sem nenhuma confirmação dos argumentos "impostos", sem reflexão e afastado de uma grande Fé.

Um maravilhoso Mestre, amado, disse-nos um dia:

- *"Vigie e Ore"*.

Eu afirmo: muitos oram, poucos são aqueles que vigiam.

O tema aqui é sexualidade, não astrofísica, muito menos consertos de espaçonave. Talvez (certamente) o "conserto" das nossas mentes.

Quais as respostas?

- A luta por conhecimento e poder se encaixa e muito, em todo desenrolar deste livro. Portanto, sempre pense um pouco mais! Quero deixar muito claro um paralelo entre "pais e astronautas". Quando acidentes acontecem em nossas casas, e em nossa vida, você é o piloto, você deve trazer todos "de volta e em segurança". Mais ainda, você é quem deve evitar que problemas aconteçam. Daí a importância do conhecimento que iremos abordar.

Precisamos de melhores respostas para a vida.

Você é Comandante em Chefe.

Traga todos, em segurança, para casa.

1. Somos nada, mas somos tudo, pó do Universo, seres de Deus.
2. Passamos todos por importantes problemas, como o não cuidar melhor com os limites da sexualidade?
3. Todos os "conhecimentos" do mundo querem ter razão, determinar normas e agir a partir de certezas acadêmicas, protocolares, canônicas...
4. Aquele debate na rádio conseguiu mostrar para mim que, com homens de boa vontade, em todas as áreas, podemos aproximar visões e sabedorias para que se diminua o sofrimento e muitos parem de chorar.
5. Mesmo presos numa cápsula (como nossa mente presa na cabeça) precisamos encontrar juntos soluções de maneira equilibrada.

A história humana na Terra é amplamente desenhada por jogos de poder e a sexualidade é um dos principais apelos. Ou você nunca admirou a mulher, que em uma exposição de automóveis usa da beleza para "decorar" uma Ferrari, mais que o próprio carro? Até outras mulheres admiram a cena, cuidadosamente montada, aqui e em milhares de campanhas de *marketing*. É preciso? Sim! Graças a nossa imaturidade, sim. Aumenta ainda mais o estímulo sobre os centros de prazer e recompensa e, desse modo, "Ferraris" são mais desejadas e vendidas. Sem um "pingo" de traição por parte de homens, na maioria das vezes apenas um processo subliminar muito bem calculado.

Padrão utilizado para dominação e controle. Sempre as ilusões como ferramenta. Na política, nas competições no trabalho, nas casas, até mesmo em seu próprio quarto, isto é, em qualquer lugar onde haja embates imaturos, sempre ruins, algumas vezes com muito sofrimento e dor. Nós, de fato, merecemos lutar por um mundo melhor, e isso cabe em nosso planejamento de vida madura.

Creio que só há um modo de transcender essa luta: - Irmos para além dos jogos de poder. Conhecer, cuidar e preservar essas três grandes instituições, **CIÊNCIA**, **FILOSOFIA** e **RELIGIÃO**, aprendendo, praticando e respeitando cada uma delas no que têm de melhor.

Contudo, precisamos procurar muito as respostas, porque "Toda instituição é constituída por Homens falhos, tolos e pecadores".

"Somos humanos, perigosamente humanos".

As conclusões e os posicionamentos da Ciência, Filosofia e Religião isolados erram, escapam, pecam, muitas vezes por exageros, interesses próprios e, principalmente, por não conversarem de modo franco umas com as outras. Precisamos unir cérebros, corações e almas.

Estamos todos penando muito pela falta de uma proposta corajosa, que use todos os conhecimentos e possa oferecer apoio nessas causas. Urge aprender, crescer, amadurecer, envolver-se para merecer.

Imprescindível tolerar diferentes "verdades".

Nossa luta diária é uma batalha entre a força propulsora do universo, o IMPERATIVO DO AMOR, como já afirmei, presente em todos nós desde o início dos tempos, contra a sôfrega, confusa, por vezes desvairada CULTURA HUMANA, utilizada de modo tolo para o domínio e o controle. Luta desigual, desnecessária, estúpida e que traz muitos problemas para o amor e para a paz.

É a ignorância lutando contra a Luz.

Ainda quero encerrar este capítulo mostrando meu lado não poético e ingênuo. Sim, muitos afirmam que Filosofia, Ciência e Religião são Instituições que caminham em busca da verdade. Tenho minhas dúvidas.

Na maioria das vezes estão nas mãos de "meninos imaturos" com sofisticadas construções de ilusões apenas para conquistar poder. Na política, nas escolas e nas ruas... Sempre desconfie de "crianças" grandes no Poder.

A busca da Verdade é um processo individual, solitário, por vezes compartilhado – somos anjos que estimulam e provocam uns aos outros, muitas vezes sem saber. E as verdades são muitas.

Nossa vida é uma Jornada Espiritual traçada desde o início até o final dos tempos. Um infinito e eterno em que pouca influência possui Ciência, Filosofia ou Religião.

Contudo, onde maravilhosas influências deveriam e podem existir.

Capítulo **II**

QUANTO TEMPO PARA CRESCER?

Para compreender as construções atuais do pensamento e comportamento humano, e aqui nos toca a esfera sexual, precisamos começar olhando lá para trás, muito para trás, além do tempo estrutural trabalhado por historiadores. É necessário conhecer pelo menos mil anos antes para tentar explicar um evento pontual relevante.

Um período maior sempre permite melhor análise e entendimento, aproximando os fatos das "verdades" que se quer descobrir. Esse conceito cabe muito bem para o tema que iremos tratar, afinal, Biologia é uma evolução para milhões de anos e não apenas "o comportamento dos nossos avós".

- "Ah! Na minha família sempre foi assim"!
- "É"? Pergunto eu! "Desde quando é esse sempre"?

Num tempo estrutural, importa questionar as causas profundas e elementos no percurso que levaram, por exemplo, países a uma guerra e as consequências ao longo do tempo; os motivos quase invisíveis que culminam em uma gigante migração populacional; ou...; ou..., para nós, neste livro, a instigante história da nossa biologia e psicologia sexual.

O tolo estopim que inicia um conflito não acontece sem profundas e relevantes causas anteriores. Essas se desenvolvem ao longo de muito tempo, geralmente séculos. Desse modo, o "estopim" que faz um pai dar um tapa na filha, porque ela não é mais virgem aos desafiantes 16 anos de idade, não se define nem se limita porque ela chegou tarde na noite anterior, porque desobedeceu, traiu a confiança...

Quantos anos e equívocos para vivermos estupidez emocional?

- Sim, "crescemos" um pouco mais nas últimas décadas (muito pouco), no entanto, grande cegueira ainda é real na maioria dos lares.

Vamos percorrer juntos este tempo estrutural histórico para tentar compreender como chegamos na conturbada construção de conceitos toscos, contraditórios, ao que convencionamos, aqui, chamar de "Elementos Culturais contrários ao Imperativo do Amor" (a "ordem" para amar).

Avaliaremos importantes aspectos da história da Biologia e Psicologia reprodutiva e sexual humana e veremos como ambas reagem e se desenvolvem em velocidades diferentes, em um longo percurso, ainda que guardem grandes fundamentos em si mesmas.

Preciso lembrar a você novamente que este livro existe para provocar o tema em seu coração, origina-se de uma palestra e não uma Tese de Mestrado ou Doutorado, portanto, o assunto é profundo, não descuidado, contudo, a abordagem é superficial, até para ser mais bem compreendida. Para você obter mais sobre os temas aqui tratados, há muita literatura especializada. De acordo?

A construção das diferentes culturas, sexual e familiar, ocorre numa velocidade muito mais rápida se comparadas à evolução biológica. Cerca de 100 mil anos para que tenhamos uma pequena mutação (modificação) em nosso código genético, capaz de ser observada – Biologia. Cem mil anos é muito tempo, e assim foram formadas nossas exigências primitivas cerebrais de territorialidade, hierarquia, reprodução (sexo).

A cultura alterna matriarcado e patriarcado, poligamia e monogamia..., mais rápido se comparada à biologia, e obteve impulso significativo e extraordinário há pouco mais de dez mil anos com o surgimento da agricultura, novos conceitos mentais de propriedade e Família – Psicologia.

O que importa saber é que a biologia não acompanha a psicologia, sendo aquela muito mais constante do que essa. A biologia precisa de séculos para evoluir a um novo patamar, enquanto a psicologia, galopa freneticamente, podendo mudar em poucos anos ou em apenas uma geração, dependendo do "estopim" (como o surgimento da pílula anticoncepcional). Precisamos reconhecer as consequências desse descompasso, motivo de grandes confusões humanas nos relacionamentos interpessoais, amor, traição, sexo.

Cultura é toda a crença..., conhecimentos, costumes, aptidões e hábitos desenvolvidos, praticados e sedimentados por um agrupamento vivo e transferidos para os descendentes ao longo do tempo.

Um dia, não muito longe, aprendemos a comer com talheres, e seguimos assim, passando esse (melhor) costume de pais para filhos. Os comportamentos mudaram, graças aos talheres... (psicologia), a digestão segue a mesma... (biologia).

A diferença no tempo criou um atrito entre as necessidades biológicas reprodutivas e o comportamento psicológico exigido numa sociedade então agrícola. Iniciou-se ali uma difícil convivência entre biologia e psicologia.

A libido permaneceu a mesma, mas... quanta confusão!

Compreender esse ponto diferenciado em relação ao tempo para biologia e comportamento é fundamental para entendermos nossas muitas dificuldades de alguns séculos para cá, até os dias de hoje.

Se insistirmos não olhar com carinho para essas diferentes posições em nossa vida, dificilmente sairemos das ilusões criadas para a defesa (daquilo que NÃO nos ataca). Equivocadamente, acabamos nos machucando e ferindo outros, sempre e cada vez mais. Ferimos nossos filhos e a nós mesmos.

1. A evolução biológica é aparentemente fixa para nós, já que as alterações genéticas adaptativas levam milhares de anos para acontecer. Assim, nossas demandas, incluindo as sexuais, são mantidas praticamente inalteradas ao longo do tempo e precisam lutar para se adaptar ao nosso meio e aos "padrões comportamentais" criados pelo Homem.
2. Nossos costumes, comparados à biologia, são de mais rápida evolução devido a uma construção que se baseia em pensamentos, crenças, principalmente aquelas que se desenvolveram nos últimos dez mil anos.

Está pronto para olhar a História, sem defesas e preconceitos?

- Acredite, você está pronto (biologia) desde muitos e muitos anos. Logo adiante, ainda neste livro, eu vou lembrar você da sua puberdade (que até hoje quase nada se alterou).

Faltará apenas organizarmos melhor nosso pensamento (psicologia).

Então vamos lá!

Novos pensamentos.

Novos caminhos.

Uma nova mentalidade.

Capítulo **III**

DE ONDE VIEMOS, POR QUE PARAMOS?

PRÉ-HISTÓRIA – 200.000 a 4.000 a.C.

Partimos nossa conversa agora desde a pré-história da humanidade na terra. Dizem que "surgimos" no coração da África, mais precisamente nas savanas africanas. Humanos, um animal especial.

Sempre motivados pela busca de alimentos e segurança para nossa sobrevivência, vivíamos unidos em pequenos grupos caçadores-coletores e como mamíferos que somos, ali podíamos encontrar sempre:

O LACTENTE, A CRIANÇA, O JOVEM E O ADULTO

Um grupo formado por crianças que amamentam até 3 ou 4 anos de idade; mães cuidadoras com 12 ou 13 anos; jovens em torno dos 15 anos, cujo objetivo principal era aprender a garantir alimentação e segurança do grupo; alguns já mais experientes na lida do dia a dia, com 17 ou 18 anos; e os mais velhos do grupo com no máximo 20 ou 25 anos.

A mortalidade era elevada naquelas hostis condições de vida.

Estavam presentes, entre os demais, alguns "indivíduos esquisitos", intermediários entre crianças e adultos – os púberes – por volta dos 12 anos de idade, quando homens e mulheres iniciam a vida sexual reprodutiva, promovidos pelo Imperativo do Amor. Uma realidade biológica.

Chega o dia em que o homem ejacula e a menina menstrua, simples assim, tornando-se ambos fisiologicamente capazes de experimentarem uma relação sexual plena e terem filhos para a sobrevivência e perpetuação da espécie.

Este, um fato biológico esperado e desejado por todos os povos antigos, hoje proibido até pela lei, em nossa cultura.

A longevidade alcançava bem pouca idade, a vida era breve.

A Natureza não perde tempo. Nem a psicologia. Quem não se tornava adulto, logo após a puberdade, perdia a função para o Grupo e era "deixado para trás". Não produzia, não reproduzia ou multiplicava, pouco ou nada valia.

Mais adiante aprofundarei essa visão das funções que precisamos assumir a partir da puberdade, para mim não se sentir útil é motivo fundamental para a existência de muitos dos problemas que vivemos na atualidade.

A puberdade é um grande marco, estímulo para reconhecimento.

Perdia-se a vida por diversas causas, sem soluções na época pré-histórica. Infecções bacterianas, virais, parasitárias, fome..., ou devorados por animais, quando esses ganhavam a briga na batalha pela vida.

Homens sempre foram mais violentos do que as mulheres, coisas da testosterona, e uma forte necessidade de manter *status* no grupo, provar bravura e habilidades.

Também, a curiosidade humana sempre promoveu atos de "adrenalina". Jovens enfrentavam a mata e as feras para provar virilidade. Brincavam como perigo numa característica predominantemente masculina que, por ser um impulso biológico, perdura até hoje.

Antes amarravam as pernas em cipós e depois de calcular o tamanho "da corda mais a própria altura" saltavam a partir de uma árvore ou penhasco, de cabeça para a morte certa, quando o cipó esticava e os deixava com o crânio a poucos milímetros do chão. *Bungee Jumping* primitivo. Alguns erravam o cálculo e morriam, mas era prova de coragem e as "gargalhadas de endorfinas" podiam ser ouvidas ao longe. Hoje nossos filhos enfrentam ondas enormes, saltam de paraquedas e infelizmente também correm de carros e motos com velocidades muito acima do permitido. Apenas para provar a mesma coisa.

Os motivos são os mesmos.

Evoluíram apenas "os brinquedos e as brincadeiras".

Pois bem, poucos chegavam à maioridade, após a maturidade. Quando um membro do grupo alcançava, o que poderia ser por volta dos 30 ou até 40 anos, era considerado grande *expert* da vida. Sábio, pajé, ancião, alguém raro, a quem todos deviam reverenciar, podiam se inspirar, pedir conselhos...Símbolo de poder, unidade e segurança para a Tribo.

Como caçador-coletor, o homem passou por momentos de escassez que o forçou a se arriscar e se deslocar pelo mundo, em busca de comida e maior segurança. Dessa maneira seguiu, migrando por novos e difíceis caminhos, respondendo a impulsos neurais universais de vida e sobrevivência – imperativos universais para a vida.

Unidos em pequenos bandos aumentavam assim, muito, as chances de conquistar necessidades num mundo tão inóspito e selvagem.

O homem nunca foi um ser solitário (hoje, sim, não raras vezes).

A poligamia era a regra. Não havia conceito de família como conhecemos hoje. Aliás, "família" era o grupo, pequenos ajuntamentos de pessoas. As relações sexuais, impulsionadas pelo Imperativo Universal do Amor, aconteciam naturalmente entre os membros para a produção de descendentes..., desde a puberdade – início da capacidade biológica.

Afinal, para que servem desejos sexuais senão para aproximação e procriação?

As mulheres, em alguns grupos, desejavam que os filhos tivessem as características positivas dos melhores e mais capacitados daquela pequena tribo, e assim procuravam ter muitas relações com vários parceiros, intuindo que, dessa maneira, conquistariam para os futuros descendentes as melhores características físicas de cada "grande guerreiro".

Apenas as relações sexuais com indivíduos de outra comunidade não eram comumente aceitas ou permitidas, mas tão somente por segurança para o próprio grupo, medo e proteção.

Costumes como esses, incluindo a poligamia, perduram até hoje em diversas comunidades na África, Ilhas do Caribe e Oceania.

"Que índias e escravas são essas que traz com você, perguntou o Jesuíta para a portuguesa"?

- *"São as esposas do meu marido".*

Histórias da Gente Brasileira – Mary Del Priore

"O casamento não existe, as mulheres recebem visitas esporádicas de homens e as casas são organizadas entre irmãos. Todos viviam

muito bem até a chegada de outra 'cultura' obrigando conformidade para com a norma, daquilo que não seja comum".

Phelippe Descola, Antropólogo

"Um problema para a evangelização de povos africanos. Poligamia é benigna e natural para aquela população. Como podemos exigir de um homem que para se tornar Cristão deve abandonar as mulheres dele, quando, além de um amor verdadeiro, para muitas o afastamento significará a morte".

Francisco, O Papa do Povo – Simon Biallowons

Programa de uma rede de televisão mostrou o ritual de preparo para o casamento de uma "mulher"..., púbere aos 10 anos de idade, na Etiópia. Natural, muito natural para eles e para o Imperativo do Amor.

Para nossa "cultura", "horrível, horripilante, nojento, crime, absurdo", diziam todos.

Em um mundo "não complexo como o nosso", a menina sobreviveu, cresceu e menstruou, é uma mulher e está pronta para oferecer filhos para continuidade, crescimento e sobrevivência da comunidade. "Bom".

Esses agrupamentos de jovens humanos nômades, caminhantes, naqueles primeiros tempos, saíram da África e enfrentaram o continente europeu se deslocando principalmente em direção ao Oriente Médio e muitos outros destinos, alcançando em séculos todo o mundo conhecido.

ELES INVENTARAM O TURISMO ECOLÓGICO

Eram jovens, muito jovens, com toda energia de quem hoje vai para a balada, mas, se pensarmos melhor, não deve ter sido nada fácil.

Em determinado momento, encontraram dois grandes rios que sustentavam uma terra muito rica em nutrientes, onde aos poucos, bem aos poucos, esses grupos ali aprenderam e desenvolveram uma tecnologia que mudaria para sempre a história humana na terra.

INVENTARAM A AGRICULTURA E A PECUÁRIA

Essa região ficou conhecida como Mesopotâmia (*meso*, entre/*potâmia*, águas). Dominaram plantas e animais.

O fato mais importante para a história da humanidade: plantas não caminham, portanto, eles "foram obrigados" a parar de andar. Como o local era bom, resolveram "ficar" concebendo aos poucos na mente o conceito de Propriedade.

O que é propriedade?

- Um território que precisa ser cuidado, arado, cercado, protegido. Coitados, inventaram o trabalho braçal em um local determinado, o que exigiu conceito mais elaborado de posse. Também conheceram grandes litígios para manter o domínio daquelas terras.

Antes disso, os conflitos eram eventuais pelo encontro de pequenos grupos rivais perambulando pelo mato. Tudo isso aconteceu há somente dez ou doze mil anos. Muita mudança para pouco tempo.

Curioso é que essa mudança na vida ocorreu ao mesmo tempo em diversos pontos do planeta. Hoje, pesquisadores encontram vestígios de acampamentos com sinais de agricultura, em diversos sítios arqueológicos espalhados pelo mundo, com sinais que foram de uma mesma época.

O ato de manter a terra para o cultivo de determinadas plantas e a criação de animais levou ao desenvolvimento de tecnologias para segurança alimentar do grupo, para a manutenção do próprio local, e o aprimoramento e valorização de uma estrutura hoje conhecida como família.

INVENTARAM A FAMÍLIA

Família era agora um grupo menor que o todo anterior daquela comunidade de pessoas e os membros cuidavam de uma pequena e restrita área de terra, garantindo sobrevivência dos que nela trabalhavam. Uma relação mais próxima entre indivíduos que cresciam e multiplicavam para a segurança de si mesmos, assim como do local onde viviam.

Por tantas dificuldades e pelo que representava aquele chão, tornou-se muito importante também a terra ser preservada, guardada e transmitida aos descendentes – filhos e filhas daquele casal ali formado.

INVENTARAM A HERANÇA

Para garantir a posse da terra aos descendentes, perceberam ser fundamental assegurar "quem eram de fato os descendentes".

"Quero ter certeza de que a terra que tanto cuidei, dediquei toda minha curta e difícil vida, passe para os meus filhos, minha descendência, e não para os filhos 'do meu vizinho'. Preciso pensar em algo que garanta que aquelas crianças correndo por aqui são de fato minhas".

INVENTAMOS A VIRGINDADE

Sim, eu sei. Você não quer mais ler este livro porque não concorda. Fique tranquilo..., vai piorar.

Virgindade era uma garantia, até acontecer a união entre um homem e uma mulher, que aumentaria a chance de o marido ser de fato pai da futura criança, essa, de uma gravidez acontecida logo após o casamento. Frágil segurança, mas...

Além da exigência pela virgindade, torna-se cada vez mais forte...

...O DOMÍNIO E A VIOLÊNCIA CONTRA A MULHER

Para garantir a paternidade, quando o homem fosse obrigado a se ausentar por algum tempo, foi elaborado o cinturão de castidade. Controle e posse é mentalidade ridícula presente até hoje em muitos lugares, às vezes locais bem próximos a nós, talvez em nossas próprias casas, se não cuidarmos desse louco viés cultural. Posse eterna, pátrio poder.

Lembre-se que éramos há pouco – antes desses 10 mil anos – pequenos grupos com ínfima dispersão pelo mundo, vivendo em relativa harmonia entre os membros, praticamente sem individualismos, numa comunidade na qual a maior função era sobreviver a cada dia. Equilíbrio entre os sexos e entre as pessoas, não havia o conceito de indivíduos, mas pensamento de grupo, não existia propriedade ou dominação de uns sobre os outros, mas compartilhamento entre todos. Em muitas comunidades o poder da mulher, graças a procriação, amamentação e cuidados era admirado e enaltecido. Era comum o matriarcado, onde a autoridade era exercida pelas mulheres. Deusas e Deuses demonstram poder. Importante tempo biológico, cultural, mental – psicológico.

Enquanto o "masculino" saltava de árvores e penhascos, o "feminino" praticava maternagem e colaboração, verdadeiras Deusas.

O advento da Agricultura e Pecuária gerou a necessidade de controle sobre o que era cuidado e produzido. Rabiscos começaram a marcar pedaços de madeira ou argila. Eram os primeiros movimentos da Escrita. Os Sumérios desenvolveram escrita cuneiforme (em forma de cunha) há aproximadamente 4 mil anos. Existem verdadeiros textos até hoje.

A biologia permanecia na mesma toada, já o pensamento corria e criava uma melhor maneira de se comunicar, registrar fatos e crescer.

No início dos tempos, Deus disse:

- *"Haja Luz"*.

Agora o Homem deu um salto na história, cresceu, desenvolveu-se e decidiu gritar bem alto:

"HAJA ESCRITA"

Era o início da História. A partir de agora, tradições orais começam a compartilhar espaço com a comunicação escrita; cultura e conhecimentos podem ser documentados e mais bem transmitidos. Desse modo, encerra-se a pré-história, ao que dá lugar à chamada História. O Mundo Antigo. Com ele a matemática, astronomia, física... começo de uma aceleração, hoje muito difícil de controlar.

Precisamos aprender a pensar.

Capítulo **IV**

Segue o Baile

O MUNDO ANTIGO – 4000 a.C. a 476 d.C.

Reforço aqui a divisão acadêmica da história, sim, serei criticado por alguma imprecisão, afinal, a História nunca é exata ou linear, mas posso assegurar a você que há apenas 4 mil anos, e muitos dos seguintes permaneceriam sem nenhuma alteração. E lá estavam:

O LACTENTE, A CRIANÇA, O JOVEM E O ADULTO

Se ainda não fui claro o suficiente, este é um bom momento: a biologia praticamente em nada mudou, e a cultura, muito. Você logo saberá o porquê dessa minha insistência – fator de descompasso entre biologia e pensamentos, algo provavelmente inédito na Terra.

Agora, com maior segurança alimentar e tecnológica, amplia-se a capacidade de sobrevivência humana. Alonga-se um pouco, também, a longevidade. Já aumentava, portanto, entre eles o número de adultos e a média de idade passava de 18 ou 20 para 25 a 30 anos.

Claro que algumas pessoas viviam até os 100 anos, ou mais, no entanto, estamos tratando de médias e não da longevidade possível para a raça humana (que eu acredito ser ainda maior). A mortalidade ainda era muito alta, devido a doenças, infecções..., agora também às guerras tribais e populações cada vez maiores (guerras por território, alimentos, ódio...).

O lactente era ainda amamentado durante o maior tempo possível, já que essa sempre foi a grande estratégia de sobrevivência e proteção para uma época ainda de altíssima mortalidade infantil. A amamentação também era excelente método de contracepção, pois, perceberam que quanto mais tempo a mulher permanecesse amamentando mais custaria a engravidar novamente. Hoje sabemos que a prolactina, o hormônio que estimula e mantém a produção de leite, também inibe a ovulação, dificultando a ocorrência de gravidez.

Naquela época (e em alguns lugares na Idade Média), a criança era pouco reconhecida ou valorizada por alguns pais até alcançar a puberdade, provavelmente devido à alta mortalidade infantil naqueles tempos difíceis. É possível que tal comportamentos e justificasse por uma defesa psicológica dos pais, produzindo afastamento emocional diante da sempre dolorida e frequente perda de um filho.

Talvez, pelo mesmo motivo, alegria era a reação de todos naquelas comunidades, quando a criança sobrevivia e entrava no mundo adulto, <u>sempre por volta dos 12 anos de idade</u>, graças à face inalterada da biologia evolutiva. A puberdade, sempre um momento muito comemorado e valorizado, afinal, vive e ainda passa a ser útil e um ser humano maior para a comunidade.

Recebia o púbere o "direito e dever de participar do mundo adulto", aprender mais, desenvolver-se e sair com "os grandes". Elevado a um posto maior devido a novas habilidades e possibilidades de atuar pelo bem comum, desse modo era reconhecido adulto, passando a viver em prol da comunidade. Estava feliz (minhas repetições são propositadas).

> **APRIMORARAM O RITUAL DE PASSAGEM QUE JÁ HAVIA DESDE ANTES DA HISTÓRIA**

Estavam todos lá para testemunhar:
- Lactentes, garantidos pelo leite materno por longos 3 a 4 anos; seguiam como alegres e coloridas crianças, aprendendo muito ao brincar de imitar coisas do mundo adulto; os que chegavam à puberdade aos 11 ou 12 anos eram elevados solenemente à posição de jovens adultos; aqueles entre 12 até 15 anos, em curto período de intensa aprendizagem maior, jovens seguiam ávidos para a vida; por fim, ali viviam os adultos, desde 16 anos até o limite possível, entre 25 e 30 anos de idade.

Homens e mulheres colaborando entre si, caminhando por séculos para modelos sociais cada vez mais complexos. Novas funções em uma comunidade que começava a se tornar mais densa e clamava uma configuração segura para as famílias, cada vez mais parecidas com as conformações que conhecemos hoje. Famílias nucleares e estendidas.

Devido às crescentes necessidades em comunidades cada vez maiores, a criação de um modelo social respeitou um processo natural evolutivo, contudo, com limitações e novos problemas de relacionamentos, antes inexistentes.

Como cuidar desse núcleo, ligações e heranças?

- Para deixar mais claro, quero relembrar dois tipos principais de comunidades humanas que evoluíram desde a pré-história até mundo antigo (e até hoje em alguns lugares). São duas realidades com características próprias para cada tempo. A Sociologia nomina essas diferentes sociedades como mecânica (mais primitiva) e orgânica (posterior e até os dias de hoje).

Sociedade mecânica – era formada por pequenos grupos isolados do restante do mundo, onde todos os componentes eram da "família". Os grupos eram autossuficientes e todos compartilhavam dos mesmos valores, ritos, práticas e construíam uma consciência COLETIVA.

Havia a prioridade do TODO, sobre as partes, sem divisão formal, só a própria capacidade, possibilidades de idade e gênero de cada um.

Não existia conceito ou noção de indivíduo, mas, de um grupo homogêneo, onde imperavam consenso e harmonia. Um grupo de poucos, onde não havia divisão do trabalho e o todo era o protagonista.

As atividades e as decisões eram sempre vivenciadas coletivamente. Os valores do grupo deviam ser zelados para o bem COMUM. Quando surgia um problema, qualquer um poderia ser escolhido, considerado culpado e condenado (expiação), mesmo sem ter sido o causador do problema. O sacrifício de alguém daquele meio, mesmo inocente, era bem aceito, feito em nome do grupo, para retornar a paz para todos, diante das forças do universo (ou deuses).

Sociedade orgânica – nasceu graças ao maior crescimento dos grupos e fixação na terra, propiciada pela revolução agrícola. Cada um passou a sentir necessidade de lutar pela vida e ampliou-se assim a relação humana para fora do grupo. Cada um deve se adaptar dedicando-se a alguma atividade específica, uma prática que mais lhe seja apta. Agricultura, pastoreio, exército, construção, manutenção, religião...

O trabalho passou a ser segmentado. Foram criadas aqui a noção de INDIVIDUALIDADE, a divisão de trabalho e a consciência pessoal. Um indivíduo podia se sobrepor a outro gerando a necessidade de acordos e contrato. Finalmente, o contrato familiar – união. Com isso uma autoridade tornou-se necessária para tutelar as relações. Juiz, sacerdote...

A nova realidade permeava todas as populações que começavam a surgir e crescer, cada vez mais, levando à construção das primeiras grandes cidades antigas. Da Pérsia ao Egito, passando pelos Caldeus, Assírios, Fenícios, Palestinos, para citar alguns de uma infinidade de diferentes agrupamentos humanos que se espalharam por todo o planeta.

Nossa admiração ocidental sempre foi voltada para Gregos e Romanos, devido à grandiosa cultura e às tradições que nos encantam e influenciam até hoje. Porém, nosso ponto de importância no tema, em todas as regiões, permanecia a eclosão da PUBERDADE como um fato real e imutável, porque insiste em acontecer em média aos 12 anos idade – o jovem adulto destacando-se na comunidade até aos 15 anos de idade, cursando uma formação para o mundo adulto. Vinte e cinco anos era a longevidade média em Roma há 2000 anos. Lembre-se, estamos falando de média – claro que lá estavam velhões de 40, 50 anos, e talvez, até um ou outro, com um pouco mais. Lembre-se, os sábios eram anciãos.

As falanges, formadas por soldados romanos, dominaram todo o norte da África, Ásia, Europa e Oriente Médio, por mais de mil anos. Exércitos constituídos por JOVENS ADULTOS ABSOLUTAMENTE CAPAZES, com idades entre 15 e 20 anos. Soldados tecnicamente preparados e enriquecidos por carboidratos complexos, uma pedra de energia chamada pão, completamente diferente do nosso "pão" de hoje em dia, recém-inventado na história humana (bem, esta é uma bela conversa em outro livro, Alimentos, Vida e Saúde).

Apenas os filmes que assistimos hoje sobre Roma e outros povos daquela época mostram nesses exércitos homens bem mais velhos do que eram em realidade. Ilusão da mentalidade? Algum outro interesse limitador da cultura? Não sei!

O grande diferencial entre crianças e adultos permanecia irremediavelmente ocorrendo apenas em um evento biológico reconhecido, desde sempre, como PUBERDADE, em torno de 12 anos de idade. Perdoe-me persistir, mas quem insiste aqui, de fato, é a biologia. Esse é um aspecto extremamente relevante para nossa vida e fundamental para a compreensão da nossa sexualidade e, portanto, vou pegar pesado:

"Ao completar 12 anos de idade, pelas leis judaicas, Maria, mãe de Jesus, estava autorizada a casar. Quando Jesus Nasceu Maria tinha entre 13 e 14 anos de idade".

"Jesus menino entra na puberdade aos 12 anos, quando um Judeu se torna 'filho da lei'. UM MEMBRO DA COMUNIDADE que responde pessoalmente para com a Lei de Moisés. Neste dia o menino se levanta diante dos pais, líderes religiosos e amigos e declara:

*- 'Hoje eu sou um **Homem**'".*

Tradição judaica, cerimônia mantida por milhares de anos que permanece até hoje. **Bar** mizvah (filho) e **Bat** mizvah (filha). Mizvah é mandamento. Filho e Filha do mandamento, respectivamente.

Quando chegam a idade de 12 anos os meninos COMEMORAM o Bar Mizvah e as meninas o Bat Mitzvah. Nessa idade, são considerados maduros, segundo a lei judaica. Tornam-se parte do mundo adulto, devem cumprir os mandamentos e serão responsáveis pelas próprias ações. Jovens sim, muito a aprender pela frente. Mas, não mais crianças.

Se olharmos a história de Maria com a visão do Código Penal atual, Deus e o Anjo Gabriel devem ser presos imediatamente, por crime hediondo, inafiançável. Estupro e abuso de menor vulnerável. Nossa CULTURA enxerga o absurdo, o repugnante, o execrável na fisiologia da puberdade. E aí, o que houve com a História?

- Deus está errado, ou errado estamos nós com uma cultura construída de maneira equivocada, ao longo do tempo, iludidos pelo medo e, assim, sempre desrespeitando a fisiologia humana?

Afrontamos a Deus e o Imperativo Universal do Amor.

- Calma! Quero aqui apenas provocar você.

Claro, desde já afirmo que não quero a volta das iniciações sexuais e casamentos aos 12 anos de idade, contudo, aos poucos precisamos compreender que <u>a biologia continua existindo e insistindo</u> na procriação e nos relacionamentos de amor.

Lembra-se dos seus 11, 12 ou 13 anos?

- O que você sentia?

- O que você passou sozinho, sozinha em seu quarto?

- A proposta é construirmos juntos, como adultos saudáveis e abertos, um caminho de diálogo e respeito para com a natureza, nossa e dos nossos filhos. Isto é, não podemos mudar o mundo do modo como está hoje. Concordo. Existem limites claros a serem observados. No entanto, devemos assumir um conhecimento crítico maior e olhar para os filhos com mais ternura e leveza, pelo que vivem e sentem, para quando os avanços da libido vierem a fim de arrancá-los da maravilhosa e encantadora infância, estarmos todos mais preparados.

O Imperativo do Amor cobra de todas as sociedades a tarefa imposta pelo Universo.

A maneira com que escolhemos agir hoje está correta?

Traz benefícios, compreensão e ajuda a nossos filhos e a Sociedade?

Nossa mentalidade atual não é, em boa parte, a causa direta de tanta dor, violência e sofrimento?

- Bem. Enquanto você pensa, vamos complicar um pouco mais nossa história de equívocos culturais na terra.

Tenha paciência.

Vou deixar ainda pior.

Para depois melhorar.

Capítulo **V**

BEM MAIS PERTO DA GENTE

IDADE MÉDIA – 476 a 1453 d.C.

Neste texto, saltamos da pré-história para dez mil anos atrás, passamos pela escrita, há 4 mil, e pela época de Jesus, há 2 mil anos. Chegamos agora a 476 d.C. com a queda do império romano do ocidente. Uma data que, para os livros de história, encerra o Mundo Antigo.

A invasão dos bárbaros sobre o império decadente e arruinado levou à fuga e à dispersão das populações romanas pelo interior do Continente europeu. Para protegerem as comunidades, construíram vilarejos fortificados com altos muros para tentar conter os ataques dos povos que chegavam de diversos pontos do continente euroasiático.

A princípio a produção alimentar era local e somente para o sustento da própria população. Com o passar do tempo, em um período de relativa paz, deu-se um aumento considerável na produção nessas comunidades, o que gerou excedentes que podiam ser ofertados para a troca com outras vilas, dando início a um pujante desenvolvimento.

O comércio prosperou por todo o continente e cada lugarejo se tornou um ponto obrigatório de parada para descanso, trocas e passagem de mercadorias, dando início a uma Europa até então inexistente. Os vilarejos aos poucos se transformaram em Burgos, e suas populações comerciantes passaram a ser conhecidas como burguesas. Tornaram-se mais tarde cidades como Londres, Paris, Madri e tantas outras.

Em muitas delas hoje ainda se pode visitar e conhecer os chamados "centros históricos", locais a partir de onde essas cidades se expandiram.

Surge maior desenvolvimento com a arte sacra, também melhor organização de Estado em grandes reinos...

...e, acredite, lá estavam ainda e sempre:

O LACTENTE, A CRIANÇA, O JOVEM E O ADULTO

O adulto, maior, esse cada vez mais presente na comunidade. A biologia não se modifica, mas a longevidade saltou de 25 para 40 anos de idade. Adultos até 40 anos "em média". E a puberdade que encerra a infância biológica ainda, estancada nos 12 anos. Viva os hormônios.

A mulher se unia a um homem em casamento em torno de 13 ou 14 anos de idade – os homens geralmente um pouco mais velhos porque já haviam aprendido algum ofício para dar suporte à nova família. Seja forjar uma bota, roupa, instrumento, armas; encilhar um cavalo; comerciar; proteger a comunidade como soldados de um senhor feudal; ou, como ainda e muitos deles, responsáveis pela agricultura própria local.

Uma sociedade orgânica, cada vez mais complexa em uma biologia impassível diante de tantas mudanças. Enfim, todos eram crianças ou adultos. Adultos jovens, porém, adultos. Alguns maduros, poucos senis.

O jovem com 12 a 15 anos seguia seu pai, agora com a orientação do avô, mais presente, porque permanecia vivo em uma comunidade já mais desenvolvida e protegida. Doze anos, 15, 25... 40. Além da longevidade, quase nenhuma mudança significativa havia nessas idades.

A Idade Média ficou conhecida como "idade das trevas" pelas loucuras promovidas com o domínio da Religião-Estado, parceiros de poder num controle com excessiva violência sobre as pessoas, o que em nenhum tempo ou lugar pode dar certo. No entanto, arte e cultura floresceram com esplendor ímpar. Há muita coisa boa sempre onde quisermos olhar com "todos os nossos olhos" e sensibilidade.

Impressiona visitar e conhecer a Europa de hoje, contudo, sem perder a visão do passado.

A cultura avançava como nunca, e a biologia nem dava bola.

Seguia os passos de Deus.

Capítulo **VI**

Caminhando Pela...

IDADE MODERNA – 1453 a 1789 d.C.

Então passam-se assim quase mil anos, quando termina agora o império romano do oriente com a queda de Constantinopla, atual Turquia. Fecham-se as portas do crescente comércio da Europa Ocidental com o Leste, e o homem lança-se de vez ao mar. Para dar "uma volta" e, com muita coragem, chegar às Índias por uma rota alternativa, marítima, não mais por terra. Como você bem sabe, alcançaram as Américas.

O que eles encontram por aqui, deste lado do Atlântico? Uma população de lactentes, crianças, jovens que encerram a infância com a menstruação ou a ejaculação, dando início aos afazeres adultos.

Nossa! Tão longe, tão igual?

Poucos no "Novo Mundo", recém-descoberto pelos "civilizados", chegam à maturidade devido à morte precoce nesses agrupamentos ainda mecânicos – uma população na idade da pedra, não conhecia o ferro.

A mulher engravidava e ainda auxiliava na aldeia no que era necessário para a manutenção de todos. Enquanto os homens caçavam e coletavam para sustentar o grupo e oferecer a energia e proteção necessárias ao rebento que estava a caminho naquela barriga.

Para não ser repetitivo (já sendo) vou sussurrar de outro modo, como dizem por aí: - "Tudo igual, apenas muda o endereço". Uma volta ao passado, mas, no caso, agora só mudou o continente.

Biologia é biologia e "Permanece tudo igual na terra de Cabral", ou, se preferir, "Tudo igual como antes na terra de Abrantes".

Tudo na natureza fisiológica permanece como até hoje. Apenas elementos da cultura e tecnologia progrediram, e muito, para o bem e, no caso do nosso estudo, não tão bem assim, como ainda veremos mais adiante. Foi e ainda é tanta confusão que até FREUD tentou compreender e explicar com um "olhar libidinoso" psicanalítico e inconsciente.

Doze anos, 15 anos, 17 anos, 20 anos, 25 anos, 40 ou mais... um choque de culturas, lá e cá, do outro lado do oceano, e a biologia humana curiosamente a mesma. O mesmo Imperativo Universal do Amor, o que fez também um grande impulso miscigenando rapidamente as novas populações e com elas também muitas doenças venéreas e outras tantas.

As "filhas das aldeias" nas Terras de Santa Cruz, jovens mulheres, eram compartilhadas alegremente com portugueses, franceses, ingleses, holandeses que aqui chegavam, bastava trocá-las por instrumentos de ferro, desconhecidos pelos índios e de grande utilidade para preparar a terra (agricultura também aprendida por esses lados). O que para nós hoje parece um absurdo, era uma realidade para todos eles a normalidade poligâmica.

Etnocentrismo é a visão antropológica de mundo, característica de quem considera seu grupo étnico, nação ou nacionalidade socialmente mais importante do que os demais. Uma confusão na época das grandes navegações e descobertas devido às grandes diferenças entre as civilizações. Afinal, não foram poucos que ao aqui chegarem, como civilização mais desenvolvida, conhecendo a tão primitiva cultura dos locais, passaram logo a perceber maravilhosa complexidade que desafia pensadores até hoje.

O mundo precisava (e precisa) ser olhado com olhos da época e lugar, assim como descobrimos muita coisa nova quando buscamos enxergar a vida com ternura, pelos olhos do outro.

O mundo será muito mais feliz quando procurarmos acreditar, compreender, ressignificar e fazer novas escolhas. Mas esses valores do Programa SUPERCONSCIÊNCIA/FAMÍLIA DO FUTURO ficaram bem claros já no primeiro livro do programa.

Capítulo curto este, verdade?

- Sim, porque o que mais importa desde o primeiro não é só instigar seu interesse pela história da humanidade, mas a conscientização da história quase inalterada da puberdade fisiológica e da construção de uma cultura castradora, por vezes desumana, dos impulsos universais de Amor.

Capítulo VII

Quase Lá...

IDADE CONTEMPORÂNEA – 1789 ATÉ HOJE

Chegamos a 1789 – Queda da Bastilha, Revolução Francesa. Tudo aconteceu apenas porque os vassalos passavam fome, reclamavam, e a Rainha Maria Antonieta não conseguia entender os motivos, afinal, - "*Se não há pão, por que não comem Brioches*"?

Não se sabe ao certo se essa frase existiu e se é mesmo da rainha, reconhecida como superficial, frívola e que adorava "as baladas incríveis na corte". Mas esse pensamento reflete a inteligência do descaso com o próximo e a futilidade de uma época" (e de tantas outras eras).

Claro que estou brincando e apontando esse suposto momento factual da humanidade para lembrar aqui que a história é consequência de uma infinidade de fatores preparados por séculos (tempo estrutural) e não frutos de uma frase pontual e mal escolhida.

Nossos objetivos:

- Saber que a rainha se casou aos 14 anos de idade com o herdeiro da coroa francesa.

- "14 anos! Que absurdo"!

- Não para a época e toda história humana, até aqui.

- Outro dado que quero reascender não é sobre uma revolução que mudou o curso da história do ocidente e nos influencia até hoje, mas, as brincadeiras com "frases, aumento de impostos, e tantas coisas" a mais que sempre delatam os intermináveis e insanos "Jogos de Poder e Controle" característicos da humanidade.

"Jogos de Poder e Controle".

Antes de seguir, quero falar mais sobre um fato da história:

- As Universidades surgiram e se desenvolveram muito antes, já na Idade Média, em diversos lugares na Europa. Claro! Avaliando sob os olhos do ensino superior de hoje, é difícil entender isso. Então fui pesquisar um pouco mais e, para a minha surpresa, encontrei algumas "crianças" famosas nas Universidades:

- São Tomás de Aquino, aos 13 anos na Universidade de Nápoles, século XIII. Coitadinho, estava com muita vontade de ler Aristóteles e acabou provando a existência de Deus. "Coisa pouca fez esse menino".

- Francis Bacon, aos 11 anos na Universidade de Cambridge, século XVI, influenciou a metodologia científica que aplicamos até hoje.

- David Hume, aos 12 anos na Universidade de Edimburgo, século XVIII. Em apenas três anos criou um sistema filosófico que culminou no "Tratado da Natureza Humana".

E muitas "crianças" mais.

Na idade média, as pessoas, naquela época, principalmente os homens, iam para a faculdade logo após a **puberdade**. Assim estava preservado o ritual biológico milenar de "construir" pessoas úteis e ativas para a Sociedade na idade certa.

Todos querem se sentir úteis – **Biopsicologia**.

Tornavam-se adultos tanto quanto aqueles que preferiam seguir outros caminhos, aprendendo a forjar uma espada, uma bota, encilhar um cavalo ou aprender carpintaria com o pai, "desde o mundo antigo".

As mulheres eram mães cuidadoras do lar e da prole enquanto os homens (poucos ainda) agora também "caçavam livros e colecionavam informações".

O caminho que nos interessa ainda mais é o que ocorreu cerca de 40 anos depois da Revolução Francesa, na Inglaterra. Outra revolução, mas agora "A Revolução Industrial" – máquinas, carvão, vapor... energia!

Havia fome na população no interior da Grã-Bretanha, o que fez muita gente se deslocar do interior em direção às fábricas nas cidades em busca da SOBREVIVÊNCA, coisas de cérebro primitivo (fome, luta, fuga, ação, vida – biologia, sempre ela para nos levar a uma ação).

E o que eles encontraram nas cidades?

- Uma indústria incipiente, porém, promissora e fogosa, carente de mão de obra, o que de fato promoveu tal migração e desenvolvimento. Milhares de postos de trabalho empregando inclusive mulheres e crianças, com enorme carga horária, de deixar até pessoas insensíveis de alma arrepiada.

O abuso foi terrível.

O ponto forte nesta história é que para trabalhar na indústria – assim como até mesmo hoje – aumentou em muito o papel das Universidades na demanda por maior preparo técnico dos trabalhadores.

E não se chega na Universidade sem antes passar pelas Escolas. E aí "deu problema"!

TODO MUNDO PARA A ESCOLA!

É aqui o nosso ponto de corte para o desequilíbrio biológico, social e cultural mais importante para um sem-fim de problemas que vivemos hoje. Considero fundamental tal compreensão para encontrarmos mais tarde uma saída possível de "correção de rota", para o bem de todos nós.

Voltando ao nosso tema central da evolução humana, novamente lá estavam as permanentes "fases biológicas da vida":

O LACTENTE, A CRIANÇA, O JOVEM E O ADULTO

Incrível, sempre "o mesmo" no mundo da biologia.

Mas...! Com as escolas (antes das universidades), iniciava-se pela primeira vez na história humana uma "parada forçada" no caminho do púbere para a fase adulta.

Em vez dos jovens seguirem com os adultos (e como um adulto), aprendendo com eles o que era necessário para a vida até então, precisaram "sentar-se por um bom tempo" nos bancos escolares.

O que eles "passaram a ser"?

- Crianças?
- Não! Não eram mais!

Adultos?

Não, ainda não!

"Cadê o ritual de iniciação que estava aqui"?

- Sumiu.

Adultos jovens?

- Não, afinal, não podiam mais conviver com os adultos.

Não se sentem mais "os jovens" fortes, aprendizes na prática da vida, que a história sempre promoveu na hierarquia da própria espécie.

- Precisam se preparar "antes" e não mais "com" os grandões.

Preparar antes, "sozinhos...", até que um dia, lá na frente...

- "Você é um pirralho"! Gritavam pais, professores, "gritam todos"!
- "Quieto aí e estude, afinal, só assim um dia você será...".
- "Mas... por quanto tempo"?
- "Não sei! Vai estudando, vai"!

Esse novo padrão cultural trouxe danos inimagináveis para todos, na época e até hoje. E tudo indicava que era para o bem desses jovens.

- "Um dia serei um homem capaz, uma mulher capaz".

Competentes, o que compete a eles...

- Ok! "Mas, o que eu sou agora então"?
- Não demorou para inventarem um nome para este novo ser.

Capítulo **VIII**

ONDE PARAMOS, ONDE (RE)COMEÇAMOS

Agora esse jovem púbere não pode mais "comemorar e se sentir muito bem e feliz" com a tão esperada entrada para mundo adulto.

Não "entra" mais, por um bom tempo.

Tampouco há aquele ritual de passagem "para fora" de um estado infantil, mesmo todos nós ainda considerando e atestando que BIOLOGICAMENTE ele ejaculou, e ela menstruou. Adultos! Agora não mais.

Permanecem na categoria de "meninos e meninas – crianças" e precisam ir para a escola. Os "meninos", geralmente, um pouco antes das "meninas". A biologia que espere. Que o **imperativo do amor** seja freado com todas as forças de nosso (ilusório) poder **cultural** de castração.

- "Guilhotinem Maria Antonieta"!

Sim, "castramos psicologicamente" nossos filhos, assim como muitos de nós fomos castrados, porque esse "fato histórico" marcou predominantemente as últimas gerações, após a Segunda Guerra Mundial.

Coração, desejo, vontade... trancados em um quarto escuro até que os maiores e a própria sociedade os considerem ADULTOS. Agora, não mais a biologia, mas papai e mamãe.

O que eles fazem presos nesses quartos, sabemos muito bem, pois estivemos lá. Contudo, a gente finge que esquece disso e, assim, o que é ainda mais grave, iludidos, abandonamos os sentimentos deles (e os nossos). Criamos uma doença emocional.

Ficou muito difícil se tornar adulto, ser adulto.

Pior que isso, ficou muito mais penoso para todos, mesmo depois, quando capazes de produzir e serem reconhecidos, mesmo conquistando um lugar no *podium* da "idade adequada para se fazerem certas coisas", nossa mente tem dificuldade de compreender o que aconteceu, **onde paramos, onde (re)começamos**.

Perdemos a referência da puberdade, de um ritual de iniciação psicológico. O que deveria ser uma grande festa..., desapareceu.

Surge a escola fundamental. E assim que termina...

- "Ok! Deu! Completei os estudos e gora já sou adulto"!
- "Não? Não, não é! Ainda tem o..."
- "Está bem, não precisa insistir, vou para o ensino médio".
- "Agora terminei! Já sou adulto"!
- "Não, ainda não"!
- "Mas..., mas..."
- "S-U-R-P-R-E-S-A!
- Agora vai para a Universidade"!
- "Pronto! Terminei a Universidade" e estou com 26 anos de idade, finalmente sou adulto"!
- "Não, 'adultos de verdade' inventaram pós-graduações...".

As Universidades não são mais suficientes para o "mercado de trabalho". Agora você precisa (tem que) fazer uma, duas, três pós-graduações, mestrado, doutorado, pós-doutorado...

CHEGA!

Muito bem. Já que a norma biológica não consegue mais dar direção e transformou-se em um detalhe constrangedor para o menino acordar, assombrado, com o pijama molhado por uma ejaculação, e a menina apavorada com sangue na calcinha, a Lei do Homem foi obrigada a determinar "o que é um adulto", quando deve responder pelo Código de Leis vigente. Dezoito anos. Idade cronológica na qual o jovem é neurologicamente capaz de compreender melhor as consequências dos atos no longo prazo e, dessa maneira, ser responsável e consciente pelas próprias ações.

A maturação biológica neural tem tempo predeterminado.

Aos 16 anos um jovem começa a ter maior noção sobre o tempo futuro. Já consegue antever algo que ocorrerá em torno de seis meses. Por exemplo, nessa idade começa a estudar muito mais em junho quando se torna capaz de perceber que haverá vestibular em dezembro.

As conexões cerebrais são cada vez mais organizadas no lobo frontal, tornando-o apto. Por isso aqui a Lei da maioridade.

Claro que, para a BIOLOGIA, isso também tinha relevância naquela comunidade mecânica em nossa pré-história. Afinal, um púbere tem dificuldade neural para antever como será a caçada a um leão, mas era tratado "com o respeito que se deve a um adulto jovem" e sempre acompanhava os mais velhos nas primeiras incursões.

Em nosso mundo orgânico muito mais complexo, criou-se a exigência de um "curso completo e de muitos anos, antes das caçadas".

E... a CULTURA se viu, cada vez mais, obrigada a frear os ímpetos da libido, próprios da idade pós-puberdade. Contudo, também freou sonhos, desejos, amores, verdades e, principalmente, a possibilidade de nos sentirmos úteis..., um grande risco para a autoestima.

Confirmo e reafirmo que não quero nem proponho nosso retorno à pré-história. Contudo, precisamos aprender a dançar muito rápido essa nova música. Nossos filhos precisam de nós. As consequências "estão" muito graves para toda a Sociedade.

A maneira como conduzimos e orientamos nossos filhos e a nós mesmos é, para mim, a maior causa de tanto choro e dor para muita gente, não apenas em meu consultório, mas em todos os lares do mundo.

Podemos acordar e olhar novamente para os nossos "menores" e aprender, junto com eles, como conduzir esse lindo processo da BIOLOGIA que insiste transformá-los em adultos.

Pensar de modo amoroso e competente, o quanto antes, fazendo as adaptações CULTURAIS necessárias e desejadas para que o maravilhoso IMPERATIVO DO AMOR possa se mostrar com todas as cores e luzes. Presente de Deus para a Humanidade.

Crescei e Multiplicai-vos, disse o Pai.

E o Homem olhou para o alto e então respondeu:

- "Não! Agora preciso ir para a escola"!

Não proponho gravidez ou trabalho aos 12 anos de idade, mas compreensão, cuidados e respeito para com a própria natureza.

Portanto, dos 12 aos 26 (em média), INVENTAMOS A ADOLESCÊNCIA. Nunca, antes, na história do Universo!

Um "ser" que nunca existiu na biologia.

Uma fase inédita criada artificialmente por nossa CULTURA para justificar tanta gente sendo preparada para "o mercado" em um mundo repleto de expectativas. Funções muito mais complexas na sociedade e que precisam ser de fato aprendidas e treinadas por um longo tempo. Mas não esquecendo de que são adultos jovens e não mais crianças.

As consequências desse fato temporal na história vamos discutir e tentar compreender cada vez mais.

Porém, antes de seguir adiante, preciso acrescentar nessa história um complemento importante e que gerou também imensa revolução no comportamento humano:

- Na Segunda Guerra Mundial, 1939-1945 (recuso-me a escrever em letras maiúsculas), muitos homens perderam a vida, famílias foram literalmente destroçadas pelas bombas, arruinadas emocionalmente, vítimas da nossa imbecilidade litigante. Após o término dessa última grande guerra o mundo experimentou enorme recuperação econômica e o mercado (mais uma vez) ajudou muito esse processo.

Baby boomers! Uma explosão no número de crianças nascidas pós-guerra, década de 1950, em famílias ansiosas para o consumo de todas as novidades que surgiam. Pais provedores, mães cuidadoras, filhos, brinquedos, coisas para a casa... Natal, televisão, propagandas...

Logo, década de 1960, algumas mulheres, cansadas de tanta confusão por milênios provocada por homens (e suas tolas testosteronas), seduzidas pelas possibilidades de ganhos no mundo masculino, financeiro e liberdade, resolveram "queimar sutiãs" e se lançaram para o novo e promissor mercado de trabalho.

Ao mesmo tempo foi criada a pílula anticoncepcional hormonal.

Aí a terra pegou fogo.

Agora podiam escolher quando e se queriam engravidar. E não pararam mais de menstruar. Mas..., e os filhos?

Descobriram que para vencer nessa nova aventura também deveriam antes frequentar as escolas e universidades. Hoje dominam muito bem diversas áreas do conhecimento e trabalho, antes quase exclusivas dos homens.

Sim! Chegaram lá e, em diversos aspectos, superaram os homens.

Porém, mesmo com todas essas impressionantes mudanças, lá estavam:

> **O LACT, INFÂN, ADOLECÊNCIA, ADUL, MATURIDADE, PÓS-MAT**

Escrevi propositadamente desse modo "cortado" lact..., infân..., adul..., por tristes motivos: quase ninguém mais amamenta (afinal, é preciso sair para trabalhar) e são pouquíssimos os lactentes acomodados felizes no peito das mães. Muitos na mamadeira e alguns até com refrigerantes desde muito cedo. Também a infância está muito curta já que, por tudo isso, estamos "adultizando" precocemente nossas crianças.

Nós adultos, hoje, muitas vezes apenas na idade, numa tremenda dificuldade para enxergarmos nossos filhos desde muito pequenos. Avós, mais uma vez na história abandonados, como nos tempos primitivos os deixávamos para morrer porque atrapalhariam a sobrevivência do grupo. Hoje, voltaram a atrapalhar. Bem! Alguns são ao menos abandonados nos asilos e não no caminho.

Fases inteiras de vida perdidas graças ao nosso despreparo.

Por que será?

- Será por que também não tivemos o nosso rito de passagem?
- Está tudo muito acelerado?
- Confuso?
- Louco?

O lactente, observe, também já teve pouca importância na vida por uma alta taxa de mortalidade em um passado não muito distante. Recuperou-se junto com uma bela valorização devido ao espetacular avanço da medicina e do sanitarismo e agora perde novamente sua importância. Não mais pela morte precoce, mas pela grande confusão e necessidade de ausência dos pais, em todo o mundo.

Idosos e crianças não perderam importância no desejo sincero de cuidados por parte dos familiares, mas devido ao nosso afastamento e "esquizofrenia" CULTURAL com tudo o que é de mais sagrado.

Quem manda na amamentação há décadas é a multibilionária indústria de alimentos infantis mal orientando propositadamente mães e pediatras em todo o mundo. São poucas as mulheres que procuram e conseguem amamentar, porque têm que trabalhar, pensar em outras coisas, porque está tudo mais difícil, porque os pediatras empurram complementos alimentares "se não a criança vai morrer". Com assim? E desse modo multiplicam-se nossas desculpas!

A própria família, parentes, amigos, conhecidos olham a criança amamentando com quase um ano de idade e exclamam um grande "AINDA MAMA"? Muitos mesmo sem sequer conhecerem a mãe.

Por insegurança e desorientação querem na verdade demonstrar um conhecimento que definitivamente não têm. Uma superioridade sádica. Para alguns deve ser bom ver a cara assustada e aflita da mãe e saber que provocou isso. E essa mãe, por uma insegurança pré-formada pela CULTURA, imediatamente passa a ter certeza de que está fazendo alguma coisa errada e entra em contato com o médico para pedir um medicamento para secar o leite, e logo poder dar a mamadeira salvadora.

Deve ser uma mistura de um pouco de sadismo, muita ignorância, enorme baixa autoestima e inveja por não estarem amamentando, grávidas, nem estão para casar e a menopausa já está chegando... Não vai mais dar tempo de construir a família que sempre sonhou.

Ou... apenas uma sensação materna de culpa por também, como a maioria, não terem amamentado corretamente.

A infância também diminuiu seu tempo de existência e desenvolvimento certo e natural. Ficou muito curta, graças aos "*shows* sensuais" das muitas figurinhas que existem por aí, marcadas pelo *marketing* e assim angariando cada vez mais "consumidores" desde muito cedo estimulados pelas danças "infantis" ou "boquinha da garrafa"..., e promessas de um futuro melhor para compensar a ausência física e emocional dos pais.

Mais adiante voltamos a falar sobre essa criança, doce criatura que sofre demais hoje em dia até com gastrites – imagine, doenças de adultos – por péssima alimentação recebida e exigência da vida e das faltas muito maiores do que poderiam e deveriam suportar.

Subindo um nível!

Também ninguém sabe o que fazer com este novo ser que resolveram dar o nome de "ADOLESCENTE" e que sim, deveria, E QUER, trabalhar para viver, porém, hoje até o governo determinou que é proibido "ser adulto" quando biologicamente já se tem competência para sê-lo.

O ADULTO, por sua vez, está perdido em uma guerra entre os sexos, uma relação que de fato está se esvaziando, perdendo muito a importância, já que estão se acostumando a trabalhar juntos, apesar de que, trago este assunto aqui pela importância, a mulher ainda ganha menos que o homem para exercer uma mesma função – coisa de louco (normal para loucos)!

A MATURIDADE está sendo lançada para fora do mercado de trabalho e abandonada pelos filhos que, como trabalham sem parar, não têm tempo nem para cuidar dos mais velhos.

E uma PÓS-MATURIDADE que envelhece – ou apodrece – em asilos, ou abandonados em todo lugar. Isto é! A sociedade está uma maravilha – nunca se vendeu tanto antidepressivo e ansiolítico – e para as crianças que "reagem indignadas", física e emocionalmente, com este mundo "adulto", basta receitar "*ritalina*".

12 anos – a puberdade insiste iniciar aqui.

26 anos – somente agora você é autorizado a começar a pensar em se sentir adulto.

50 anos – está inteiro (muitas vezes, nem tanto assim), mas já praticamente fora do mercado.

90 anos – uma possibilidade para olhar para trás e dizer:

- "Meu Deus! O que fizemos com a nossa vida"?

Lembro-me agora da frase de alguém de idade avançada no leito de morte em uma UTI:

- "*EU fui uma farsa*"!

E a jovem mulher, agora confusa entre tantas forças histórico-culturais, diz entristecida e, de certo modo, inconscientemente:

> **"MAS... NÃO ERA PARA EU SER MÃE"?**

Criamos e empurramos um ser humano digno e quase mágico a uma experiência contemporânea cultural, no meio da cronologia do seu desenvolvimento ontogenético como se fosse apenas um teste para ver no que dá!

Pois eu acredito que não está dando muito certo.

E esses seres são nossos filhos.
Somos nós.
Fomos nós.
E aqui está!

O púbere hoje com roupinha nova, arrumadinho, carinha de não se sabe o que pensar da vida, rodeado de livros que também ninguém sabe bem por que..., mochilas, réguas, canetas, cadernos... as costas arcadas por tanto peso, mas, bem penteados, as meninas maquiadas – lindas.

Tanta energia trancafiada e selada em um banco de escola.

Antigamente produziam e formavam famílias, hoje jogam videogames em seus computadores portáteis e celulares.

Antes que você comece a desejar a minha "morte na fogueira" da Idade Média, antes de dizer que estou louco etc. Saiba:

- Eu não sou contra ao que chamo de preparo necessário para exercer as atividades produtivas. Tornou-se absolutamente necessário outra formatação social das crianças. Impossível a qualquer um hoje ser médico aos 14 anos. Vivemos em outro mundo. "Mas esquecemos de avisar isso para a nossa biologia" e preparar a psique e as emoções de nossos filhos para tais transformações sociais. Apenas jogamos todos nas escolas e esperamos que alguém faça alguma coisa. Que os professores resolvam, que meninos e meninas cresçam por milagre e afoguem toda sua libido em algum esporte, dança.

Está todo mundo tenso, confuso e ninguém toma uma atitude. Eu proponho pensarmos! Juntos! Eu imploro para que você pense junto comigo e possamos fazer algo por nossos filhos e sociedade.

Lembro-me sempre, eu com 15 anos de idade, com outros dois bons amigos de infância e juventude, conversando sobre o que fazer para produzir, ganhar dinheiro. Sentíamos como impulsionados por uma necessidade. E éramos impulsionados pela IMPERATIVIDADE DO AMOR.

Recordo até hoje do sentimento: não era o ganhar dinheiro, pelo dinheiro, mas poder se sentir útil, produtivo, capaz, ser reconhecido, respeitado... amado! Mas, não havia tempo para isso, precisávamos estudar. E muito.

"O QUE FAZER COM A LIBIDO DESSA GALERINHA"?

Então pergunto:

Será que nossa cultura, sem querer, acabou por criar uma armadilha para si mesma? Estaremos hoje ainda bem no meio de uma evolução para melhor, todavia nos debatendo como que para aprendermos a viver neste novo e complexo mundo?

"HUSTON! WE HAVE A PROBLEM!"?

Compreende melhor essa frase agora?

"Hoje o púbere perdeu as referências gerando desorientação; não há mais um pai na transmissão do poder; pais e mães foram destituídos do papel de espelho; dizem-se amigos porque não sabem serem pais; há uma ampla desconstrução da autoestima (de todos – por uma sensação também de culpa nos pais por abandonarem os filhos). Individualismo devido ao enfraquecimento da função paternal; tirania pandêmica – acontecendo de modo semelhante em todo o mundo – dos adultos contra os jovens; álcool, drogas, bulimia/anorexia, depressão... ["para preencher uma falta bem no fundo do peito"] acréscimo meu.

Jacques Alain Miller – Instituto Psicanalítico da Criança

Muitos "abandonam" os filhos (despejam) em um sem-fim de cursos o dia inteiro, não há organismo que aguente tanta coisa, mas... Normal, né? Basta aumentar a dose da ritalina.

As crianças estão ansiosas e com dores, hipertensão, diabetes tipo 2... coisas de adultos desequilibrados.

"Pais! Não irritem seus filhos, antes criem-nos segundo as instruções do Senhor!" Efésios 6:4.

"Como seria bom ser respeitado por alguém que respeitássemos"!

Anônimo

Capítulo **IX**

Foi Bom Para Você?

O início das relações sexuais.

MUNDO ANTIGO

A mulher iniciava as relações sexuais assim que menstruava. Uma condição biológica conhecida por menarca – a primeira menstruação. Esse momento, em torno dos 10 a 12 anos, confirma sua capacidade corporal para a gestação e põe-se em marcha um grande desejo na busca de um companheiro para procriar.

O rapaz dos 11 aos 13 anos também se iniciava no mundo adulto e a possibilidade de fecundar uma mulher já na primeira ejaculação.

Nessas comunidades a habitualidade era a participação de múltiplos parceiros sexuais, grande era a prole – o número de filhos –, porém, alta também era a mortalidade dos recém-nascidos e mesmo na infância.

Nesse período a virgindade assim como a abstinência sexual passaram a ser paulatinamente valorizadas apenas, e de modo intuitivo, por questões de higiene. Porém, não pela higiene em si, mas para evitar doenças comuns e altamente desconfortáveis para a mulher, assim como casos mais complicados como as muitas vezes presentes doenças venéreas – isso em todos os tempos, onde as guerras eram e ainda são acompanhadas por estupros e abusos de toda espécie e as diversas doenças sexualmente transmissíveis assim passeavam por todo o imenso continente antigo.

Contudo, as doenças eram acompanhadas de perto com o desejado processo de aumento da população.

IDADE MÉDIA

Também as relações sexuais se iniciavam na menarca, grande ainda era a prole, assim como alta a mortalidade infantil. Mas, aqui se inicia uma busca pela monogamia. Porém, a virgindade, além do cuidado de higiene exposto anteriormente, agora por um motivo não menos importante: uma nova noção de propriedade.

A Rainha Vitória casou-se aos 15 anos de branco para demonstrar a todos sua pureza?

- Talvez!

Porém, o mais provável era também contar a todos que ela nunca havia "se deitado com um homem" e, portanto, como estaria para iniciar as relações sexuais seria muito mais crível que o rebento que daquela relação surgisse fosse de fato filho daquele rei e, assim, herdeiro de toda a propriedade e riqueza.

Um hábito (moda) que se espalhou e até hoje as mulheres casam-se de branco e nem sabem historicamente por quê. Fica apenas a "pureza" como mote do branco. Pelo menos hoje, na primeira noite, ninguém mais aparece nas janelas e sacadas na manhã do dia seguinte para mostrar o lençol manchado de sangue – o sangue da ruptura do "santo hímen".

Coisa de louco! Mas era fundamental para a CULTURA daquela época. A religião começa a ser usada cada vez mais para conter os ímpetos sexuais de todos, transformando o desejo em pecado da humanidade e muito dessa história passa a ser uma ferramenta a mais de controle para que "as pessoas não acabem no inferno". Medo!

Usa-se o medo para manter meninas e meninos púberes dentro do roteiro recém-criado de "proteção".

IDADE MODERNA

As relações sexuais iniciam-se na "adolescência", alguns anos mais tarde da ocorrência da primeira menstruação e ejaculação. Até os tempos bem próximos a nós!

Dizem que a minha avó se casou com 14 anos de idade e minha bisavó (bem) tarde para o modelo vigente, com 16 anos. Eram jovens mulheres, afinal, adolescência é um conceito desenvolvido após a Segunda Guerra Mundial.

"Nos tempos da minha avó" uma "mulher" com 17 anos que ainda não estivesse casada e grávida não era bem vista pela comunidade. Atenção, estou falando entre as décadas de 1900 e 1940!

Na monogamia muito mais evoluída agora, dada a importância real da preservação da família como unidade protetora da sociedade, a **VIRGINDADE** tornou-se regra de ouro.

> **MAIS FÁCIL OBEDECER E CUMPRIR JÁ QUE OS CASAMENTOS NORMALMENTE ACONTECIAM CEDO – UMA REGRA PARA A BIOLOGIA E PARA A SOCIEDADE**

Menor a prole e menor a mortalidade, tanto infantil quanto materna, pelo já comentado desenvolvimento da medicina e do sanitarismo. E um ponto crucial para a humanidade: o descobrimento dos antibióticos. Adeus sífilis e apendicites etc.

A religião sempre a postos para auxiliar no rígido controle dos ímpetos de amor sensual. E a medicina, por sua vez, cada vez mais competente para liberar a todos do medo das doenças venéreas.

IDADE CONTEMPORÂNEA

No princípio dessa era tentou-se segurar por mais tempo o início da atividade sexual e apenas para depois do casamento o que se convencionou chamar de "a perda da virgindade".

Pecado, violência contra a mulher!

- Sim, violência, porque para esta cultura agora, o homem pode e deve ter sexo desde cedo para comprovar virilidade. Um pai até estimula, acompanha, contrata mulheres para a iniciação dos filhos viris, que muitas vezes nem queriam ou sequer estavam preparados para esse momento.

Certa vez eu e dois amigos, entre 14 e 15 anos de idade, viajamos para uma cidade com o grande objetivo de acampar. Antes de seguirmos com as novas barracas para o mato fomos visitar um tio que vivia na cidade. Ele nos recebeu, sorriu e logo foi para o telefone. Nós achamos aquilo muito estranho e ficamos olhando uns para os outros enquanto o tio convidava algumas "meninas" para passarem a tarde com a gente.

Ainda bem que ele não teve sucesso. E não que nós já não desejássemos "meninas" naquela idade, mas ali naquele momento nossa maior vontade era acampar. Coisas de guris de bairro. As barracas eram novas, pô! Energia de jovens não buscam apenas sexo e a Imperatividade do amor exige muito mais que ejaculação. E a aventura, onde fica?

Agora, atenção! E se as minhas irmãs fossem visitar este tio, ele agiria da mesma maneira, telefonando para "amigos"?

- Tenho certeza de que não faria, simplesmente porque o que ele fez era o comum para "meninos".

Mas, enquanto os pais, tios e avôs "telefonam para moças", as mães, tias e avós silenciam.

Sim, porque já a menina, a relação... *pssiuuu*! Fale baixo para elas não escutarem, nem em sonho.

- "Minha filha? Só debaixo do meu cadáver"! Diria aquele tio que não tinha filhas.

Porém, muita coisa começou a acontecer debaixo de "velhos cadáveres culturais", em todas as casas. O *marketing* procurando usar a sensualidade e sexualidade para vender, vendeu (muito). Carro, apartamentos e... até uma libido mais liberada. Acredite! Não dá para conter tanta força. Apenas com uma força contrária. Mas, aí... dor, muita dor. Não me parece inteligente. Talvez seja melhor "pensar".

Portanto, sexo, a realidade hoje:

- Na adolescência (14 anos, 15 anos...). Baixíssima mortalidade infantil e materna, caso ocorra uma gravidez, um ótimo ponto para a Cultura Médica a favor da Biologia!

Também importante vitória da medicina com o risco de doenças venéreas sempre menor, pela profilaxia (comportamentos de prevenção como o uso da camisinha), apesar do susto com o aparecimento do HIV, já parcialmente controlado e que sempre pode aumentar (não acabou).

Mais um ponto a ser levado em conta nos dias de hoje:

- Como nos tempos antigos, retoma-se aqui o hábito de múltiplos parceiros. Uma busca sem freios pelo amor, e a virgindade vista agora sem importância alguma pela grande maioria das pessoas. Os jovens cansaram de tanto freio e conquistaram mais autonomia, pela própria ausência de pais ou alguém capaz de dar qualquer orientação.

Tenho, como ginecologista e obstetra, em meu consultório um pequeno aparelho, que chamamos de espéculo, para possibilitar a realização do exame ginecológico. Apenas um, muito pequeno, que permite o exame de mulheres ainda em condições de virgindade, quando é possível examinar sim, mas somente com este pequeno aparelho. Nem sei onde ele está! Não utilizo há anos. Conclua!

A religião também nem sabe mais o que fazer, a não ser alguns positivos movimentos isolados de alguma espera, o que concordo. Mas, muitos persistem nos pontos negativos de manipulação com chantagem e do medo.

> **E AÍ FILÓSOFOS, RELIGIOSOS E CIENTISTAS?**
> **O QUE FAZER COM ESTA TURMA DE PEQUENOS ADULTOS?**

Capítulo **X**

Consequências Imediatas

Escuto as pessoas dizendo...
- "Meu Deus! Sexo na adolescência"!

E imediatamente eu penso:
- "É fisiológico, biologicamente normal sexo na adolescência. Porque "adolescência", de fato, nunca existiu na história humana. O IMPERATIVO DO AMOR, sim.

Aí as pessoas gritam:
- "Está grávida na adolescência"!

E vejo ali a fiel vitória do Amor Universal, a pulsão real e até espiritual no "crescei e multiplicai-vos".
- "Sim doutor! Aconteceu, mas a gravidez é indesejada"!

-Indesejada, pergunto eu?
- A menina brincou de boneca por todo desenvolvimento na infância e quando os hormônios mandam o corpo dela obedece prontamente......apesar de a CULTURA humana ainda tentar destituí-la dessa capacidade e possibilidade (e está conseguindo – adiante falaremos disso).

Eu chamo de gravidez "inoportuna", nunca indesejada. Acredite, é inconscientemente desejada por qualquer ser vivo que atinge a maturidade biológica – puberdade.

Ou você acredita que o "esquecimento de tomar a pílula" é por que ela é "uma cabeça de vento"? Pode ser. Mas, pode não ser.

Será que não há uma força subliminar nesses maravilhosos momentos da natureza?

Será que não é um ato interno de revolta e coragem do feminino?

A força de uma grande mulher?

Não estou afirmando, apenas para pensarmos juntos.

Há sim um desejo enorme da maternidade, mas um controle gigantesco por parte da nossa cultura que inescrupulosamente nos joga para todos os lados, menos na direção da vida (sem antidepressivos).

Aqui surge o abortamento provocado pela "irresponsabilidade" da menina que para mim é mulher, pequena adulta. Abortamento é o que eu chamo de loucura, tanto biológica, contra a vida, quanto psicológica contra a estrutura mental dessa moça.

- "Pai, perdoa! Eles não sabem o que fazem"! Disse Jesus pouco antes de morrer na cruz. E a família então rebate, e todos gritam:

- MAS ELA NÃO ESTÁ PREPARADA!

E convencem a moça (e a todos) disso. E ela passa a achar (ter certeza) de que não está preparada. A biologia discorda, o inconsciente discorda e pede socorro, o feto discorda totalmente. Polêmica em meio ao desconhecimento e a morte de uma criança no ventre de uma frágil (forte) mãe começa a ser planejada.

O assassinato (dessa linda história) vem em nome do "não estou preparada", em nome da loucura cultural.

"Ela precisa primeiro casar-se (lá pelos 35 anos?) depois de estar formada (em que e quando?), depois de ser uma grande empresária, uma grande médica, uma grande advogada, uma grande... tomadora de ansiolíticos. Afinal, aprendemos hoje que só seremos felizes num futuro que nunca chega!

- "SOCIEDADE ABSURDA", grito eu.

Em menos de um século destruímos um sonho! Em menos de um minuto destruímos uma vida. E, vamos TODOS para a balada, esquecer, deixar passar! Mas, acredite, desse modo não iremos muito mais longe.

Mas doutor! Ela é promíscua! Hoje está com o Paulinho, ontem estava com o Joãozinho. PARE! Calma! Que (pré) conceitos são esses?

- Em primeiro lugar, o Paulinho e o Joãozinho eram (ou tentam ser, de fato) o Paulo e o João! Segundo, pela pulsão do amor, hoje ela está apaixonada pelo Paulo, ontem pelo João, amanhã estará pelo Carlos. É a busca do amor, da afeição e da sensualidade, mais precisamente da sexualidade, pulsão biológica necessária mostrando toda sua face mulher (para a tribo).

Quem aqui vai atirar a primeira pedra?

Claro que existem exageros, promiscuidade... assim como psicopatas. Não estou tratando disso aqui, ok? Não estou falando de desvios, mas de mim e de você em nossos primeiros anos de pulsão de amor.

- "Ah! Não! Eu não! Eu sempre fui 'correta'"!
- "Sempre fui boazinha"!

Sim! O controle cultural venceu.

PAUSA!

Eu não estou apregoando para que jovens saiam por aí tendo relações com todo mundo. Antes que você jogue este livro longe, se é que já não o fez, estou apenas expondo uma realidade que "aprendo" quase todos os dias nas histórias de jovens mulheres em meu consultório, bem distante do que ocorre hoje nas baladas nas quais "adolescentes fazem uma rodinha para que o sexo role ali 'entre amigos'", regados com muito álcool e drogas. Cenas comuns e não apenas na periferia das grandes cidades, mas, nas maiores, até em grandes clubes "tradicionais".

E eu ainda penso que esse comportamento pode ser apenas uma revolta dos jovens contra toda uma sociedade com adultos confusos, descuidados, alguns corruptos e irresponsáveis, que querem controlar tudo sem ter nenhum padrão moral para exigir controle. Como então serão esses jovens no futuro, olhando para a geração seguinte.

Estou exatamente fazendo uma análise aqui com você, em busca coletiva para encontrarmos um caminho, uma solução, ao menos possibilidades de mudança. Equilíbrio entre passado, presente e futuro.

Acredito que somos os culpados e corresponsáveis por essas "rodinhas de sexo" e tantos problemas mais, como aumento de drogas, violência, divórcios, suicídios... enquanto não nos ocuparmos seriamente sobre este tema.

A paixão existe sim! Ela ainda repercute em todos nós e está hoje viva, estimulando a imaginação e as ações de nossos filhos. Vamos encarar ou continuar empurrando para baixo do tapete e apenas torcer ou esquecer? Alguns apenas oram e pedem mais orações para que tudo dê certo? Sim. Mas a Fé sem obras é morta! Vamos agir de modo inteligente?

Consequência direta das doenças venéreas:

- Esterilidade por doenças transmissíveis (e evitáveis) que levam à destruição do sistema reprodutor, como "fechamento" das trompas, lesões endometriais (revestimento interno do útero), formação de aderências pélvicas, todos fatores que ou impedem a fecundação ou até mesmo a implantação do embrião, sem falar sobre os abortamentos produzidos por esse desequilíbrio (e desatenção).

Consequência direta de uma afronta à biologia:

- Esterilidade devido a uma ilusão cultural que leva à escolha da gestação para um momento muito tardio. Hoje há uma pandemia e muitas mulheres desenvolvem uma doença chamada ENDOMETRIOSE.

É a maior evidência biológica de normalidade uma mulher gestar logo que entra na puberdade. O corpo feminino foi feito para a gravidez. Como já vimos, iniciava-se a menarca e logo a mulher "se via grávida". Nove meses e mais três anos de amamentação (pasmem, este tempo é o adequado para a amamentação) e não há menstruação por todo esse período. Logo a mulher estava grávida novamente! Anos e anos de gestação e amamentação seguidas, com pouquíssimos momentos de menstruação.

Hoje?

- Menstruação, menstruação, menstruação, menstruação, menstruação... sem fim.

Atenção aqui!

- O sangue menstrual sai pela vagina, concorda?

- Pois, saiba que outra pequena porção segue para trás, pelas trompas, em direção a pelve. Às vezes se implanta ali dentro sobre ovários, útero, trompas, peritônio (membrana que recobre todo o abdome) e a cada período menstrual também sangra agora onde não deve. Isso provoca um processo inflamatório crônico local, aderências e... dano.

Insisto!

Já ouviu falar em endometriose?

- Doença que se desenvolveu e multiplicou nesses últimos 50 anos, desde que "a mulher saiu para o mercado de trabalho, escola, universidade, e de lá nuca mais voltou... para engravidar". Quando finalmente escolhe e quer engravidar, a endometriose não permite mais.

Hoje temos em cada cidade do mundo um enorme número de clínicas para o tratamento de esterilidade. Surgiram sociedades brasileira e mundial "exclusivas de endometriose", uma doença que traz ganhos financeiros absurdos para quem nela investe – tratamentos, medicamentos, cirurgias, equipamentos, cursos, livros, acompanhamento... Tratamentos caros e emocionalmente dolorosos para todos.

Um preço alto a pagar (apenas por ilusão).

Resumo da ópera: inventamos uma doença que não precisa existir; inventamos tratamentos caros que não precisam existir; sofrimentos que não precisam existir... basta não menstruar mês após mês, ano após ano... Converse com seu médico. Hoje há maneiras muito seguras para evitar esse problema e neste livro não tenho como contar tudo sem fugir do propósito: mostrar que a "mulher pode e deve trabalhar, desenvolver-se e libertar-se..., mas o corpo feminino foi desenhado por Deus para engravidar.

Consequência direta de tanta ilusão:

- Maternidade após os 40 anos.

No mundo antigo, a mulher nem sobrevivia até essa idade! O ovário normalmente "desiste de funcionar" em média aos 48 anos e o ser humano decidiu ir um pouco mais longe no tempo permitido na terra. Isto significa que existem apenas poucos anos adequados para a mulher escolher ser ou não ser mãe.

Tenho muitas pacientes em meu consultório com mais de 40 anos, angustiadas para saber se ainda há tempo para, ao menos, tentar um filho. Algumas conseguem e estão grávidas aos 45 anos, há pouco tempo, veio à minha consulta uma gestante com 47 anos. Este foi meu recorde de atendimento obstétrico na maturidade, pré-menopausa.

A maioria delas já tomando antidepressivos, com companheiros de um segundo ou terceiro casamento. Merecemos essa "cultura"?

Elas dizem trazer um aperto no peito e na cabeça uma pergunta que não quer calar (quase inconsciente):

- "O que aconteceu comigo, com as minhas escolhas"?

Ela não se sente traída em sua trajetória e suas opções até ali porque a força cultural para mostrar a ela que o que fez foi correto é hoje ainda muito forte.

Não poderia ser diferente!

Ou poderia?

- Esta pergunta faço aqui numa proposta para instigar nossas "inteligências".

E mais! Os óvulos (células criadas por Deus para serem fertilizadas e não desperdiçadas) possuem a idade da mulher, mais pelo menos seis meses, pois já estavam nos ovários desde que ainda residia no útero da mãe. Então, com o avanço da idade, muitos deles já não possuem a mesma força e capacidade de fecundação. E erram, levando muitas vezes a alterações genéticas, quando fertilizados.

Por sorte geralmente não seguem à frente, já que o aborto se torna assim mais frequente, como uma defesa natural para a humanidade a fim de espontaneamente evitar o desenvolvimento de fetos malformados. Refiro-me aqui ao aborto espontâneo, ok?

Famílias com apenas um (ou zero) filho é outra consequência:

- Vivemos atualmente um processo de extinção de tios e primos. É o fim de maravilhosas festas de Natal com uma casa cheia de crianças das famílias nuclear e estendidas. Hoje fica um ser-infante, arrumadinho e com um gorrinho vermelho na cabeça, sentado e quieto esperando a chegada do Papai Noel com presentes apenas para ele, já que não tem um irmãozinho, uma irmãzinha, um priminho para compartilhar e brincar. Muitas dessas casas já com apenas a mãe ou o pai, pois estão divorciados já há algum tempo e os avós não se falam. Problemas.

- Há um sem-fim de casas sem nem mesmo uma criança porque alguns casais estão cada vez mais decididos em não os ter, já que "o mundo é muito difícil, caro...".

Gente! Difícil era antes do antibiótico! Hoje a vida é muito mais fácil! Nós é que estamos cada vez mais difíceis e caros!

Quer que seu filho aprenda violão, violino, piano, judô, karatê, natação, inglês, francês, italiano... não abandone ele nesses lugares. Dê amor ativo com muitos abraços, companhia, sorrisos e limites, que ele, com o tempo, vai atrás e aprende todo o resto que precisa.

Sim, está tudo muito caro se formos mais uma vítima da nossa CULTURA e quiser "trocar de videogame" todos os meses.

Aprenda definitivamente:

- Para seus filhos o maior parque de diversões da terra não é a Disney, mas seus braços, seu corpo, sua presença. Juntos, pulando no colchão de uma cama, guerra de almofadas na sala... Quer risada mais gostosa do que aquela que acompanha a vergonha e o espanto seu e de seu filho ao verem o vaso que você ganhou da sogra espatifado no chão? Quer aventura maior para uma criança do que acampar com os pais no temível e desconhecido jardim do prédio onde mora, ouvindo os ruídos dos grandes animais que ali vivem..., as formigas, aranhinhas... e perigosas joaninhas?

Imaturidade, despreparo, divórcio, término da união estável do medo, medo de comprometer-se... de não dar certo!

Filhos com 40 anos de idade de volta ou ainda em casa, porque nem sequer saíram da casa dos pais, enquanto a mãe prepara um macarrão instantâneo, que ele mal sabe fazer.

Mulheres de volta à casa dos pais com um filho para a avó cuidar enquanto ela precisa sair para trabalhar, uma avó que deveria estar cuidando mais de si mesma e amando ainda mais o próprio marido.

FALTAM VALORES – FALTAM LIMITES – FALTA DIREÇÃO

Como construir – e nunca precisar resgatar – esses valores, limite e direção? Vamos pensar juntos, compreender, aceitar esses fatos de nossa evolução sociocultural, respeitar nossa biologia em uma nova construção, então exercitar e AGIR!

Você topa ao menos pensar nisso?

- Sem medo, sem perdas, sem "pré-conceitos"?

- Até onde essa cultura nos trouxe e onde tudo isso pode terminar?

"*O Apoio emocional e a liberdade sexual* (responsável) *para o jovem é vital para uma sociedade pacífica. Assim como proteção, empatia, compaixão, apoio físico e estímulo desde a infância*".

Essa frase é de James Prescott, parte do Programa de Biologia Comportamental e Evolutiva do *National Institute of Child Health and Development.*

Frase que eu acrescentei a palavra "responsável" para o tema liberdade sexual!

Capítulo **XI**

Fases da Vida, Hoje Conturbadas

São realidades em nossa sociedade:

- Os recém-nascidos; as crianças; adultos jovens; adultos; maturidade; pós-maturidade. Cada uma dessas fases com maior ou menor participação em importância para os demais e com valor único que lhes demos ao longo da história, até mesmo no que se refere ao número desses indivíduos presentes em cada fase, em nosso dia a dia.

Duas delas, por exemplo, que estão hoje em maior quantidade entre nós, "não existiam" durante toda história humana:

- A pós-maturidade que surgiu há pouco tempo e cresce em número, sem parar, devido a um aumento significativo da longevidade, afinal, ultrapassar hoje os cem anos já é uma rotina bem recebida.

- E a adolescência que é "um bicho estranho" que criamos quando decidimos não deixar mais o púbere assumir seu posto de adulto.

Para cada uma dessas fases precisamos de um modo singular para proteção e inteligência social. É urgente compreendermos distintas participações desses indivíduos em nossas vidas.

Vamos a todas elas.

NASCIMENTO

Todos nós chegamos ao mundo com aquela "cara de repolho"... brincadeira! Todas, sem exceção, são crianças lindas, porém, hoje, carentes da presença mais permanente da mãe e de uma comunidade de mulheres ao redor para ajudarem naquilo que fosse possível e necessário às funções de uma nova mãe.

Carentes da amamentação natural, já que se construíram tantas regras que as mães, confusas, veem seu leite diminuir em meio à enorme ansiedade que faz com que definitivamente ele termine. Muitas vezes, exagero na higiene e cuidados com o bebê que limita a formação da proteção natural de anticorpos de defesa, um sistema quase perfeito e desenvolvido por milhões de anos.

Carência de um pai protetor no sistema familiar, ele, cada vez mais ausente devido a diversos fatores "de mercado".

Gostaria de escrever agora: "e viva os avós", mas hoje muitos também estão "ainda" no mercado de trabalho para sustentar exigências recém-criadas e nem mesmo sabemos para que as criamos – compras, compras, compras... – quando deveríamos sim é criar os filhos.

INFÂNCIA

Assim que o nenê cresce um pouquinho mais, nem nos damos conta, mas, logo já estamos enfrentando o mundo da criança. Mergulhamos então todos em multicores, tantas atividades – brincar!

Pergunto:

- "Por que as crianças brincam?

- Para imitar os pais é a resposta, ou você, como menino, nunca brincou de bombeiro, construtor, médico, um modo natural de "experimentar e aprender sobre o mundo adulto masculino". E aí meninas! Brincaram de casinha? De boneca?

- Minha esposa diz que também brincava de caixa de supermercado, verdade, já estava nela implantada a cultura da possibilidade de existir agora no mundo futuras empresárias.

Claro que sempre houve em toda história humana na terra mulheres que se destacaram em comandos tanto de governos como empreendedoras, porém, essa tendência feminina tornou-se uma busca frenética após o término da Segunda Guerra Mundial. E assim surgiram também muitas feministas.

Aliás, sou muito a favor de que as mulheres possam assumir cada vez mais o mundo com os homens, porém, há um preço biopsicológico a pagar. Mais caro será quanto menos atenção as mulheres derem à dádiva de Deus, o magnífico presente da maternidade e o indescritível prazer de cuidar de um filho e vê-lo crescer participando de seu pleno desenvolvimento.

Animais também brincam. Você já viu ursinhos ou pequenos leões rolando pelo chão e fingindo caçar para aprenderem a sobreviver mais tarde. Brincar é coisa da natureza. APRENDER! Aprender a viver. Brincar, expressão universal de amor e alegria pela vida. É a vida descobrindo-se por si mesma, expandindo-se por proximidade uns com os outros e prazer, muito prazer. Uma explosão neural de desenvolvimento. Até que um dia sorrateiramente chega a... PUBERDADE. Não encerra a brincadeira, apenas muda o foco, mudam os brinquedos.

PUBERDADE

Dos 9 ou 10 anos para a mulher, dos 11 aos 13 anos para o homem, em média. O marco biológico que encerra a infância para a menina é a primeira menstruação, e para o menino, a primeira ejaculação. A menina evolui para a "telarca", quando os hormônios femininos começam a avançar e iniciam o desenvolvimento das mamas, a fim de que possa amamentar em breve. O menino também passa por uma experiência "telarca", com algum desenvolvimento do broto mamário masculino. Sempre há o amigo, não tão amigo, um primo mais velho, que diz que é por causa da masturbação e que, se continuar assim, vai ficar com "o peito como o de uma menina", isso somado ao medo de ficar com a mão cheia de pelos etc. Ambas as brincadeiras bobas, mas que deixam muitos jovens meninos, de fato, apavorados.

Também para ambos os sexos, devido sempre à ação dos hormônios, começam a aparecer os primeiros pelos pubianos, a "pubarca".

A vagina feminina também passa a ganhar forma e força para suportar uma futura penetração pelo homem. O pênis masculino mostra poder e ereção, cada vez mais intensa, para conseguir cumprir o papel.

A vulva e a vagina da menina lubrificam para facilitar o coito, enquanto o menino mostra orgulhoso os primeiros pelos da barba.

A menina completa o desenvolvimento físico do seu corpo com gordura no quadril e mamas, dando a ela formato de uma mulher preparada, atraente para o homem. Gordura é energia. A gordura nos quadris para suprir com energia um útero então capaz de desenvolver e construir um novo e valoroso ser humano. A gordura nas mamas está ali para garantir a energia para a produção de leite humano, nunca da vaca (coitada da vaca). Leite da própria mãe, alimento essencial à vida.

Já o menino, agora homem, ganha músculos para se tornar capaz de caçar e assim sustentar essa nova mulher adulta e, muito breve, sua nova família. Tudo muito simples para a natureza.

O que eu não consegui encontrar até hoje é uma explicação sensata do porquê o homem muda a voz. Bem! Se você sabe conta pra mim! Mas, eu acho que é uma maneira de afastar, afugentar a fêmea por um tempo! Sei lá!

Além de tudo isso que expus até agora há um fato bem conhecido e vivenciado por todos pelo lado emocional:

- Pensamentos excitantes e confusos para além das intensas modificações corporais.

Muito bem!

Em um curto período, um a três anos, temos finalmente à nossa frente um homem e uma mulher prontos pela natureza para honrar seu curso e objetivo biológico da vida.

Nas tribos primitivas, não poucas vezes e de modo universal em todo planeta e em todas as populações, desenvolveram-se rituais de passagem da infância para o mundo adulto. Vencidos esses rituais, apresentavam os novos membros à comunidade.

Um comentário à parte:

- Aliás! Para que "inventaram" o baile de debutantes mesmo?
- E para qual idade ele foi pensado para essas novas mulheres?
- Só para provocar. Sempre aos 15 anos quando a jovem mulher deveria ser apresentada para a sociedade, então, como adulta, preparada, para ser conquistada por um bom homem da mesma idade ou até alguns anos mais velho. Dizem que aconteciam esses bailes de apresentação porque uma mulher com 16 ou 17 anos que ainda não estivesse grávida era mal vista naquela época.

Bem! Isso era até há poucas décadas.

Hoje nossa sociedade infantilizada apresenta essas meninas em corpos e posturas bem sensuais em magníficos álbuns de fotografias, porém com atitudes francamente infantis (das filhas e dos pais). E as queixas de muitas das minhas jovens pacientes é que está muito difícil encontrar um homem "de verdade".

Meninos "perfeitos", até os com mais de 20 anos, brincando com suas tolas distrações, muita bebida alcoólica, para não falar de outras drogas que vêm aumentando progressivamente. Tudo é recreativo, nada é levado a sério. Sexo como diversão e até casos de estupro aumentaram muito nas universidades e festinhas com "guris e gurias" e muito álcool.

Enquanto na Idade Média alguns jovens com 12 ou 13 anos iniciavam seus estudos que se confirmaram em teorias e comprovações científicas magníficas, hoje, nossos jovens "jogam truco" nas mesas das cantinas da faculdade, esperam responder chamada nas salas de aula e saem de mansinho, como se os professores não vissem, apesar de ninguém fazer nada. E... vão passando de ano, porque muitas vezes o que interessa para as faculdades é o pagamento mensal e não o resultado dos profissionais que farão parte do nosso mundo.

Esses "profissionais" já fazem parte de nosso mundo pseudoadulto. Médicos, engenheiros, advogados e principalmente... políticos. Adoráveis políticos (bem, isto está assim no mundo inteiro).

Afinal, nossa cultura da corrupção e da pequenez humana é sinal e sintoma global. As diferenças entre países acontecem somente nas normas e processos de punição e controle.

Capítulo **XII**

Esses Merecem Um Capítulo à Parte

ADULTOS JOVENS

Eu me recuso a chamá-los de adolescentes. Querem que signifique crescimento, mas considero ao contrário, "congelamento" de um ser vivo por um período indeterminado. Por fim, chegamos a eles. Este "novo ser" inventado após a Segunda Guerra Mundial.

Já falei neste livro sobre o que está acontecendo com nossos jovens, fatos que eu mesmo presenciei. Mas, agora vamos tentar explicar tanta irresponsabilidade – de todos nós.

Tratados como inimigo público "número 1". Muitas das tentativas de ajudá-los nessa "confusão" são maneiras sutis de provocarmos neles conformidade CULTURAL. Conforme! Etimologia: "de acordo com a forma", isto é, põe o bicho no cabresto, encaixa ele aí, seja como puder.

Inteligentes, eles captam essa intenção e sentem-se traídos, pois a mente não consegue enganar o coração. Dentro deles há alguém que quer muito crescer. Mas parece que para nós é vantajoso "prendê-los" dentro de uma escola e depois uma universidade, e depois..., uma prisão, talvez?

- Bem! Não damos conta de nós mesmos, como vamos dar conta de nossos filhos? Coloca na Escola e pronto, está resolvido nosso problema, isto é, nosso filho. Meio confuso isso, verdade.

- "É, mas assim a gente pode trabalhar e eles estão lá se preparando para o futuro". Sim! E jogamos o presente para baixo do tapete.

Eles sofreram uma "pausa forçada e artificial" na evolução natural. Um turbilhão de emoções, ideias e valores gerando enorme número de conflitos internos e externos. Não conseguem ter a menor consciência do que irão passar, do que vai acontecer. Afinal, não produzem!

- "Como assim? Eu deveria estar trabalhando, produzindo com os maiores, sentindo-me útil para os outros. Eu preciso me sentir homem"!

A menina, por sua vez...

- "Como assim? Não era para casar, ter filhos, ser mãe, inspirar e encantar meu entorno, meus pares, com meu poder criador..."?

Ambos, jovens homens e mulheres, não compreendem as enormes alterações corporais para o sexo e a reprodução, agora proibidos.

Inventamos uma proibição que nunca existiu, por milhões de anos.

- "Não Pode"!
- E experimente tentar!
- Aliás, a menina não pode, e o menino, deve!

Eu podia tudo, minhas irmãs, nem pensar.

Piorou a confusão.

Ambos não se sentem à vontade com o próprio corpo com um dano acentuado para a autoestima, esse auto-olhar que deveria estar cada vez mais forte na aceitação dos papéis de homem e mulher.

Não são homens e mulheres (maduros), mas também não são mais crianças.

- "Então? O QUE SOMOS"?
- Uma sensibilidade exagerada – REATIVA.

Revolta.

O jovem que se irrita com tudo isso, chuta porta, derruba cadeira, quebra a mesa, é levado para a psicóloga. Mas..., quem deveria ir é aquele outro "filho" que a CULTURA contrária à BIOLOGIA e à história foi suficiente para deixá-lo sentado, bonzinho, estudando e fazendo o que "um bom menino e uma boa menina devem fazer". Pais castrados aprendem direitinho a "receita" para castrar os filhos. Afinal, é o certo, não é?

ESTAMOS PERDENDO A FORÇA DA VIDA

Fomos superados pela cultura. Só nos resta submissão e angústia. Uma sexualidade à flor da pele... e muito medo, sofrimento e dor naquilo que era para ser maravilhoso e belo. Tornou-se feio, criticável, repugnante para alguns, piada para muitos. "Segura tua cabrita que meu bode está solto".

Quer frase mais preconceituosa e irreal como essa? Como será que se sente "o cabrito e a cabrita" ouvindo um pai falar assim, dando risada dos filhos enquanto baba uma cervejinha "cozamigo", grandões da hora, e sem convidar o jovem para a caçada do dia seguinte, ou olhar com muito orgulho para a jovem e saber que logo verá seus netos?

Ignorante é quem ignora, não sabe, não faz ideia. Esse não tem culpa. No entanto, não querer ou nem pensar em aprender mais sobre o amor, os filhos e a vida é dolo. Sábio é aquele que abre olhos, coração e mente – SUPERCONSCIÊNCIA.

Comentário:

- Vai uma droga aí?

Para aplacar a revolta, o medo, a necessidade de se opor a este mundo que não permite crescer, ser GENTE.

Eles têm urgência de amor, urgência por reconhecimento.

Pergunto:

- Quem não passou por isso?
- Quem não se apaixonou na puberdade?
- Quem não ficou confuso, assustado (com silêncio ou repressão)?

Sem saber o que fazer, seguíamos o curso do rio serpenteando nossos "vales", não é mesmo? O curso do rio, hoje, passa por entre imensos desvios que a nossa cultura criou. Estamos assoreando nossa alma e a alma de nossos filhos. Deus não pode estar feliz com isso.

Alguém aqui assistiu o filme Lagoa Azul?

- Impressionante quando pergunto isso para as pessoas. Olhos brilham, a fisionomia de TODOS fica linda. TODOS se encantaram com o filme no qual duas crianças, vítimas de um naufrágio, juntas com um adulto, conseguem chegar salvas a uma praia. O adulto morre pouco tempo depois e as crianças – um menino e uma menina – ficam sós naquela ilha isolada.

Conseguem sobreviver, caçando e coletando como aprenderam com o adulto, até que certo dia... tornam-se...adultos. As cenas que se seguem foram cômicas e belíssimas, ao mesmo tempo. O menino-jovem correndo assustado, sem saber o que estava sentindo, ao mesmo tempo que, por instinto, sabia o que fazer com aquilo que insistentemente crescia entre as pernas. Ele tenta se esconder da amada companheira de destino. Não demora para que a própria natureza, a IMPERATIVIDADE DO AMOR, os conduza ao que deve ser consumado, ela também maravilhosamente encantada com tudo aquilo.

Apesar da pouca idade dos dois no filme todos acham fantástica a história, a pureza, a beleza..., o encantamento.

Ela logo engravida.

É muito linda e forte a cena da criança chorando de fome nos braços da mãe..., e ela contorcendo-se lentamente em desespero sem saber o que fazer, até que a própria criança, mesmo de olhos fechados, encontra o seio e começa a mamar.

Emociona a mim até hoje a beleza sem igual desse momento.

Fato! "Os adultos" daquela sessão de cinema saem todos engrandecidos e maravilhados com o filme, porém..., na "vida real"?

- Muda tudo!
- Por quê?
- Com meus filhos?
- NUNCA!!!

Alguém aqui leu o livro ou assistiu o filme Romeu e Julieta? Pergunto sempre em minhas palestras.

Julieta, segundo a obra, tinha 13 anos. Romeu já era velhão, estava com 16 anos.

Uma paixão proibida.

Não pela idade, mas pela inimizade das famílias.

Um amor intenso – habitual e normal nessa idade – que levou um padre católico a formalizar o casamento entre os dois.

Estavam para fugir em seguida, mas tudo deu errado e por isso ambos se suicidaram (não vou contar aqui os como, porquês, nem o enredo – desnecessário). Contudo, uma cena no final filme, uma frase no final deste clássico da literatura, caiu como uma bomba para minhas loucas teorias. Enquanto os corpos dos dois repousavam lindamente juntos na capela mortuária, um ao lado do outro, observados pelas duas famílias (arqui-inimigas), o sacerdote, a maior autoridade local, entre suas palavras finais disse assim: "*It was your nescience that killed your own sons*".

- "Foi a vossa ignorância que matou seus filhos"!

E nós? O que precisamos aprender para a felicidade dos nossos próprios filhos?

O QUE PRECISAMOS REAPRENDER?

Capítulo **XIII**

Cinema e *Marketing*

O cinema sempre valorizou valores.

A Marvel e a DC Comics criaram heróis poderosos que vivem e lutam pelo bem contra o mal, demonstrando caráter, justiça, respeito, entrega, abnegação, altruísmo, amor... lotam as salas de cinema e conquistam nossa atenção até hoje, em qualquer idade, pois mexem com nossos sonhos de bondade, poder e justiça.

Para os jovens, uma ótima direção, qualidades a perseguir.

Contudo, o foco do cinema está nos heróis adultos. Ali, os poderosos são os adultos! Além disso, um poder que não existe de fato, um poder mágico, inalcançável, real apenas na irrealidade, apoio a ilusão.

A não ser que alguém aqui queira sair voando, enfrentando balas e explosões fantásticas sem qualquer problema.

Talvez o jovem sinta ao ver aqueles heróis no cinema o mesmo que nossos púberes ancestrais sentiam quando viam os grandões chegando orgulhosos, carregando o fruto das perigosas caçadas, um sinal claro de que venceram, a sobrevivência estava garantida para todo o grupo e que logo seria "ele" entrando daquele modo na aldeia, com espírito vencedor. Você já sentiu isso? Eu já.

Ok! Mas, até agora o cinema adulto é uma fórmula razoavelmente boa para se revoltar e combater, ao menos de maneira lúdica, as injustiças do mundo. E, desse modo, também nos sentimos bem.

Muito bem!

Hoje o cinema está na mesma balada, ainda nos super-heróis, porém..., descobriu também um novo filão que rende muitos milhões de dólares em todo o mundo, todos os anos:

O JOVEM ADULTO

Com capacidades "ordinárias", habituais a tantos da mesma idade, não "pirotécnicas", mas possíveis, às vezes apenas com algumas pequenas qualidades especiais como muita vontade e crença, suficientes para mudar o entorno, ou até o mundo e fazer história. Não voam, não são invencíveis. O cinema aproximou a imagem do herói aos jovens, oferecendo a eles maiores possibilidades e não apenas sonhos: "Sim! Você também é capaz de ser esse herói ou heroína das telas".

Outro dia estava lendo uma reportagem sobre filmes atuais e em determinado momento o jornalista escreve assim:

- "O cinema investe hoje no 'adolescente', isto é, desculpem, no jovem adulto – PORQUE A INDÚSTRIA DO CINEMA NÃO QUER MAIS QUE O CHAMEM DE ADOLESCENTE".

Para mim foi uma bomba! Sensacional, cai exatamente onde bato tanto e nem fui eu que escrevi.

Concordo!

Não existe adolescente, mas um adulto, jovem implorando para ser reconhecido, em suas capacidades e potencialidades.

Dar poder ao jovem adulto, foco nos jovens, e estes lotam as salas de cinema em todo o mundo para reconhecer nos atores suas próprias potencialidades. Milhões de dólares e o sorriso dos donos de cinemas.

Jovens que acreditam e lutam pelo poder que já possuem. Na tela e agora ali sentados.

Diz para mim! Você assistiu "Amanhecer Violento"? Um filme no qual jovens "normais" rechaçam uma poderosa força externa que invade os Estados Unidos! Sozinhos encontram as saídas possíveis e vencem.

E "Lua Nova"? Adolescentes tendo que enfrentar lutas e dúvidas como viver o amor entre seres tão diferentes quanto vampiros e lobisomens? "Jogos Vorazes" I, II, logo chegou o III... Uma jovem luta para proteger a irmã e os amigos em uma batalha mortal entre semelhantes para o divertimento de adultos – "adultos"? E "Divergente"?

- Atentem para este nome: divergente. Jovens que "divergem", não aceitam os caminhos impostos em sua própria sociedade, esta que não permite nenhum divergir! Será uma premonição, um aviso de que se persistirmos nessa toada nossos jovens vão revidar? Esse filme tem algo a ver com a atualidade? Logo chegou o outro filme sequencial, "INSURGENTE", para depois que divergirem se insurjam contra a opressão de "adultos". Encerraram essa trilogia com o filme "CONVERGENTE". Aqui, os mesmos jovens, agora mais adultos, percebem surpresos durante a trama que estavam sem perceberem repetindo os erros dos pais. Então, voltam a acreditar neles mesmos, a compreender a situação que os levou a isso, encontram novos significados e fazem novas escolhas. Curiosa sequência dos valores que tanto apregoo. E, por fim, eles vencem. E os jovens saem das telas para o coração de tantos outros jovens que assistem entusiasmados com o poder que existe na vida e a indústria cinematográfica agradece. Corrigindo, eu agradeço a eles pela ideia.

Resumo! Não existe ninguém burro em uma indústria de milhões de dólares. E nós?

- Acordaremos quando?
- Até que ponto dessa nossa trama permaneceremos burrinhos?
- Biologicamente inteligentes, culturalmente indefensáveis.

Capítulo **XIV**

O Que Oferecer aos Nossos Filhos?

Não quero propor nem conseguirei montar aqui uma lista de todos os temas que devemos ativamente buscar para orientar nossos filhos e aqueles tantos jovens que, de alguma maneira, cruzam diariamente o caminho por onde vamos passar.

Quer sejam os alegres amigos que povoam nossas casas e, sim, devemos ter tempo para eles, quer alguns poucos que talvez por nossa profissão alcança, ou até mesmo aqueles com quem "topamos" quando nos sentamos em um banco de praça e os vemos angustiados, absorvidos por problemas.

Bom-dia! Tudo bem? Como você está? Como está seu pai, sua mãe..., sua história?

Eu pergunto. E por que não perguntar?

- O que me impede de puxar uma conversa e eu mesmo aprender muito com o maravilhoso universo dos pensamentos dele?

E quando eu escrevi ali "aqueles com que topamos" refiro-me à nossa desatenção em não enxergarmos mais ninguém, além de nós.

Sim, eles estão lá fora, aqui dentro, ao lado, e em toda parte, com ricas histórias, não poucas vezes cheias de dores, necessidades, esperando apenas para que eu e você possamos estender as mãos e o nosso coração na direção daquele ser humano ferido.

Você é capaz de imaginar que talvez ouvir alguém numa tarde de sol, por apenas alguns minutos, pode evitar um divórcio, o início da drogadição, ou até mesmo um suicídio?

A proposta nesse momento, portanto, não é ser completo, mas provocativo. Aliás, como em todo o livro e Programa.

Porém, quero sim elencar muitos dos aspectos e, principalmente, alguns dos temas que considero não poucas vezes negligenciados ou quando levantados em uma conversa são repassados com culpa e medo, pelos preconceitos dos próprios adultos que desejam "cuidar".

Para mim, os necessários limites em campos delicados de diálogo são realizados a dois, entre o jovem e o adulto, por meio de mútua confiança, descobertas valorosas de um universo de possibilidades e informações possíveis, que todos sabemos não possuirmos na totalidade ou, ao menos, deveríamos saber que não as possuímos.

Nunca utilizar limites pelo medo, como muitas vezes todos nós fomos treinados, eu me arrisco até dizer "adestrados", porque não tivemos forças para contestar.

- "Se você fizer isso..."!
- "Isso o quê?". Pergunta o jovem.
- "Você sabe bem"! Responde o adulto.
- "Sei o quê?"...

E os dois não fazem ideia o que um e o outro pensa.

Neste mundo tão complexo, talvez por eu ser médico, ginecologista e obstetra, preocupa-me muito a prevenção primária na área da saúde. E prevenção primária é aquela muito antes de uma lesão ou dano acontecer.

Por exemplo: exames conhecidos como para prevenção do câncer são na verdade exames secundários para a detecção de um câncer já instalado ou em vias de formação. Busca-se ali a imagem de um tumor. Já na prevenção primária, definimos comportamentos e ações que façam com que o tumor nem apareça.

Prevenção primária: parar de fumar.

Prevenção secundária: radiografia dos pulmões porque sabemos que fumar aumenta a incidência de tumores.

Os dois padrões de prevenção são importantes, mas, que tal investirmos muito mais no primeiro? Tem lógica?

Pensa comigo:

- São fundamentais na época pós-puberdade orientações estimulando hábitos adequados de higiene para a proteção à sua saúde genital e reprodutiva, não só, mas principalmente, diante das doenças sexualmente transmissíveis.

- Oferecer acesso a padrões adequados de nutrição nesse momento crítico de construção corporal/neural.

- Oportunizar locais para as práticas de esportes dos mais diversificados possíveis e estímulo a uma competição saudável entre todos, a representação teatral, o mundo das artes, dança, musicalidade.

- Lembrá-los que são plenamente capazes e merecedores de objetivos maiores por meio da "CONSTRUÇÃO DE SONHOS" – Tema: Sonhos, Desafios e Expectativas.

- Reforçar valores, ética e espiritualidade. E isso como presença a todo instante da vida para adquirir mais conhecimentos e possibilidade de convivência com o "Algo" maior. Respeitando sempre a religiosidade, a crença e a expectativa de cada família.

- Reconhecimento do "outro" e do DIÁLOGO praticado de modo saudável. Convivência na qual o adulto maior permita a si mesmo demonstrar interesse neste jovem, além de comprometimento e disponibilidade.

- Tratar o assunto "sexo" com naturalidade, as consequências e a possibilidade ou não da ESPERA. Porém, agora, uma espera madura, longe de preconceitos culturais, em uma relação de apoio e ajuda real para o discernimento próprio do jovem decidir por si mesmo. Ele merece esse respeito por confiarmos nas decisões dele, mesmo quando não forem as mais corretas, mas são dele as responsabilidades de escolhas, assim como assumir as consequências, quando então, por terem sido assim, decisões saudáveis e amorosamente acompanhadas eles sintam sempre no coração a certeza de que terão nosso apoio.

Costumo dizer às jovens que me procuram para conversar, eu, como médico ginecologista, sobre a normalidade do que estão sentindo e passando, sobre a complexidade evolutiva da nossa sociedade e o despreparo da maioria das pessoas para tratar desse assunto, libido e sexualidade. Essas jovens mulheres, elas mesmas me contam a gigantesca dificuldade de tratarem desse assunto com os pais, geralmente uma total impossibilidade por não aceitação do diálogo, incompreensão e despreparo dos "mais velhos".

Mas, lembro então a elas que vivemos nesta sociedade e que por isso mesmo devemos entendê-la e respeitá-la. É fundamental, portanto, compreendermos nossos pais, suas ansiedades, a maneira como construíram e perpetuam crenças CULTURALMENTE colocadas, sem questionamentos. E se queremos viver "jogos vorazes, "divergir", "insurgir" ou "convergir", ou ainda sob a luz de uma "lua nova", mesmo com vampiros (do bem), que seja de modo mais inteligente, sem conflitos.

Avalio como está a paixão dessa jovem, se existe e com qual intensidade (nível de loucura) como está a vontade de iniciar as relações sexuais e que o esperar um pouco mais pode trazer algumas vantagens. Sem julgamentos, porém, fazer saber que o ato sexual em si mesmo é acompanhado de uma modificação no padrão de relacionamento entre os namorados, ou "ficantes", e tem sim consequências importantes ao longo do tempo.

Se há possibilidade de "espera", muito bem, se não... muito bem também! Assim ajudo a jovem a pensar e a evitar doenças sexualmente transmissíveis, uma gravidez "inoportuna" e litígios em casa.

É muito interessante e gratificante ver uma intitulada "criança" entrar no consultório, com a cabeça pouco baixa, retraída, com as mãos arriadas entre as pernas e os pés jogados para trás, um pouco virados para dentro, um olhar para o além porque não consegue encarar meus olhos devido ao medo de ser duramente criticada... atitudes tipicamente infantis como que de uma "criança-que-fez-o-que-não-deve". E depois de alguns minutos de conversa vejo sair dali uma mulher confiante, linda, com o corpo e a coluna ereta, por ter tido seu poder reconhecido por um adulto e com a capacidade de agora compreender e aceitar a si mesma e aos próprios pais.

Ela é agora alguém que sabe que essa história não é fácil, mas que pode e deve lutar e vencer. Uma transformação que leva apenas o tempo de uma consulta, simplesmente porque aquela grande mulher já estava ali naquele momento, desde que entrara em minha sala. Bastava acordá-la para a vida e para a sabedoria do amor. Reconhecê-la como digna de ser feliz. E sempre honrar os sentimentos mais nobres dela.

Diálogo?

- Com os pais?
- Sim!

Às vezes, quando a jovem vem com a mãe geralmente entrego meu cartão de médico profissional para ela e, enquanto faço isso, digo assim na frente da "mais velha":

- "Tudo o que você puder conversar com seus pais fale com eles! Mas aquilo que você não conseguir, estarei sempre aqui! E tenho certeza de que sua mãe prefere que você fale suas questões sobre sexo comigo do que com um amigo no banco de trás de um automóvel"!

E então olho para a mãe e digo:

- "E tenho certeza de que sua mãe também não conseguiu falar tudo com os pais dela.

Todos nós vivemos um grau importante de intimidade e guardamos algumas coisas somente para nós, não contando nem para os mais íntimos. Por vergonha ou medo de uma severa crítica, segredos às vezes omitidos até dos diários. A mãe invariavelmente concorda, seja verbalmente ou com movimentos positivos acenados com a cabeça. Está prontamente aberto aqui um novo canal de comunicação. De duas maneiras. Entre mãe e filha, sobre o que ouviram e o que querem falar de si mesmas, uma para a outra, e um canal com toda a família para comigo, eu apenas como um auxiliar condutor nesse processo que nem sempre é fácil.

Mas é lindo!

E pode ser ainda maravilhoso!

Ou horrível, caso mantenham-se os preconceitos!

Façamos então uma escolha! Simples assim!

Pais! Diálogo é ouvir e falar.

É "di" e não um monólogo chato e carregado de "lições" rígidas, poderosas e sempre assimétricas, tipo paizão falante *versus* filhinha quieta e boazinha...

- "Viu que anjo é minha filha? Ouve tudo o que digo!

- Sei! Aguarde!

Claro que ensinamos o que sabemos, mas a oportunidade de também aprendermos com nossos filhos é, muitas vezes, gigantesca, e grandes e boas surpresas são geralmente encontradas nesse caminho. Nunca subestime a inteligência dos jovens.

Aprendemos muito com eles, e eles com nós mesmos e eu com todos. Yes!

Todos possuímos dentro de nós um universo de conhecimento, experiência e sabedoria. E os maiores resultados são encontrados no caminho da construção desse conhecimento, principalmente quando realizado a muitas mãos, nesse caso a muitas bocas.

Falar e Ouvir!
Dois dos mais significativos verbos na arte do relacionamento.
Assim como ensinar e aprender, na arte de ser humano!
E duas das maiores frases de um pai, uma mãe para um filho são:
- "Eu te amo"!
- "Eu acredito em você"!
Porém, ditas sempre com conteúdo, forma e verdade.

Muitas vezes somos **cegos** e não vemos o que se passa com nossos filhos. Estamos distraídos demais com nossas atividades ou, por medo, fingimos que não vemos. Somos também **surdos** para ouvir seus apelos, por não darmos importância ou também porque somos incapazes de compreender os pedidos deles, **omissos** e totalmente **mudos** para verbalizar sentimentos e desejos.

Não sabemos como falar ou temos medo de falar. E às vezes a frase "eu te amo" se torna pequenininha. Tão pequena que eles nem mais tentam ouvir. Não mais da gente, por mais que anseiem muito. Mas, passam a buscá-la nas ruas, fora de casa.

O jovem sente-se indefeso, com sua autoestima comprometida. Passa então a procurar nos amigos a segurança perdida. Quando não consegue, acaba se isolando, entristecido, frustrado e sem entender muito bem o que está acontecendo. "Meus pais não me entendem".

Ele adora estar com o grupo, conversar sobre bobagens (para nós), deseja rir muito, e ri, mas também quer ser gentil, acariciar... e ser acariciado.

Escolhe andar mais com alguns amigos, preterindo outros, ou apenas um "melhor amigo" para compartilharem o mundo que acreditam, trocar coisas com o universo do outro, experimentar.

Descobrem juntos e concentram atitudes e comportamentos que são importantes para aquele grupo específico e assim passam a ter segurança do pertencimento àquele coletivo de semelhantes, às vezes iguais! Amizade!

Lindas são as amizades desse tempo e que perduram muitas vezes por toda a vida, de tão forte construção que lhe foi investida.

E logo surge a atração sexual e, "de repente", sem nenhuma explicação explode a primeira paixão! É quando o EU TE AMO fica enorme, não maior, mas aparentemente maior, por que agora é diferente daquele amor que sempre existiu em casa. Um amor intenso, impossível de negar!

E vem, não se sabe de onde, uma vontade imensa e deliciosa de beijar, uma ansiedade acompanhada de felicidade regida por uma explosão de hormônios "ditos" sexuais (não apenas eles). O Imperativo Universal do Amor.

Inicia um grande desejo de ficar junto com a "pessoa" escolhida o tempo todo, o coração acelera parecendo que vai saltar pela boca cada vez que vê ou pensa em seu objeto de amor... Sim! Não consegue pensar em mais nada. Uma sensação deslumbrante de ser amado, protegido, aceito, cuidado e desejado. É quando algo muito forte é sentido nos genitais, dele e dela! E o "eu te amo" explode em um enorme desejo e paixão! (Segura essa emoção, vai! Alguém consegue?).

Um amor sem igual, nunca sentido desse modo desde que você nasceu. Diferente daquele amor pelos pais, pela família, parece que nada aqui mais interessa (não é bem assim). E vivemos nossa primeira grande paixão. Filmes, livros, novelas... e todos nós nos vemos envolvidos.

Quem não passou por isso atire a primeira flor! E atire logo, porque a família sente, alguns ficam felizes, outros assustados, ressentidos, ressabiados. Medo do novo. Medo do amor.

Qual nossa reação?

- Pais e Pais e Pais... ansiosos, proibindo, brigando, principalmente com as filhas. Já vi e vivi cenas terríveis em meu consultório e mesmo na vida. Uma cultura absoluta repressora *versus* o amor. Pais que querem trucidar os filhos que não cumpriram a "excelente educação" que lhes foi dada – imposta.

Nossa reação precisa ser de amor, compreensão, acolhimento, reconhecimento... etc. Tudo o que existe de bom deve eclodir nesse momento. Ou você não ama seu filho, a sua filha – não compreender principalmente o momento delas? As jovens meninas são as que mais sofrem nesta cultura machista/feminista. Mas saiba que o jovem menino sem informações ou acompanhamento também sofre muito!

**E AÍ CIENTISTA, FILÓSOFO, RELIGIOSO?
QUE RESPOSTA DAREMOS AOS NOSSOS FILHOS?**

A FAVOR DO IMPERATIVO DO AMOR

Basta uma conversa franca e que o respeite e o adulto jovem muda o que ainda precisa, compreende, porque há vantagem em compreender, por fim, assimila e reformula o próprio papel.

Mas, para isso acontecer, precisamos antes MUDARMOS nossos preconceitos culturais rígidos, se assim eles forem e, acredite, ceda, aceite, geralmente são. Está para acontecer aqui uma magia nos relacionamentos entre pais e filhos. Respeito e entendimento mútuo.

Precisamos nos colocar disponíveis e atentos.

Mas, lembre-se, não há culpa em termos nossos preconceitos, afinal, fomos criados de uma maneira e apenas esquecemos de questionar as "fórmulas"que aprendemos antes de tentar passá-las para os filhos que tanto amamos. Aqui está a oportunidade,

> A CULPA NÃO ESTÁ EM FAZER ALGO QUE SE ACREDITA, MAS PERMANECER FECHADO NAQUILO QUE AGORA SABE O QUANTO FAZ MAL PARA TODOS

Um pai que briga e grita com a filha porque ela transou com o namorado, é verdade, ele a ama demais. Porém, o faz porque tem "certeza" de que sabe o que é melhor para ela.

CERTEZAS!

A maior causa de dor e sofrimento para a humanidade.

- "Pai! Perdoa, eles não sabem o que fazem"!

Pecar não é errar fazendo o que acha melhor, mas é não querer olhar o que faz, refletir melhor e aprender.

Capítulo **XV**

QUANTO DE AMOR VOCÊ AGUENTA?

Todos nós, desde que viemos ao mundo, queremos estar próximos uns dos outros. Porque precisamos dessa proximidade, até por ser uma questão básica de sobrevivência. Gostamos de algumas pessoas de modo especial, porque passamos a conhecê-las na intimidade chamada lar. E adoramos dar e receber abraços, amamos carinho, toques beijos e olhares iluminados. Desse modo, sentimo-nos amados, protegidos e cuidados. Isso é muito bom para o desenvolvimento de qualquer criança.

Quando bebês, a dependência desse amor é enorme.

Ao crescer vamos adquirindo autonomia, mas não escapamos da necessidade do ambiente de amor. Quando bem-amados, aprendemos a amar. Depois o que muda são apenas as maneiras de dar e receber amor. Quando não bem-amados, carregamos amargura e medo por muito tempo na vida e só amenizamos essa dor com entendimento e a aceitação da limitação que havia em nossos pais. Os principais responsáveis pelo ensino do amor e, como consequência, da autoestima.

Eles não aprenderam a bem amar e assim, se infelizmente a vida deles não estava tão boa como poderia e deveria, um grande aprendizado para nossa existência em felicidade deixou a desejar.

A boa notícia é que podemos acreditar, compreender, ressignificar e fazer novas escolhas. E, desse modo, sermos agora mais felizes e ainda agradecer a eles pelo amor possível que nos foi entregue. Por menor que tenha sido.

Calma, pode levar algum tempo para isso, mas é uma possibilidade real e verdadeira em uma infinidade de histórias que eu mesmo vi.

Sexualidade é uma enorme energia. Ela nos lança em direção ao amor "Eros". Aproximação, contato, ternura, intimidade.

Para que isso?

- Para construirmos uma nova família.

Para que uma nova família se eu já tenho a minha?

- É preciso sair de casa mesmo? Estou bem aqui!

Você está bem mesmo?

- A força do universo sabe o que faz, porque faz e quando faz.
- Para termos filhos! E a natureza seguir o próprio curso.

Ao trabalharmos para o sustento desta família que construiremos seremos ainda mais reconhecidos pela sociedade. Capazes, somos adultos "enxergados", respeitados e amados. Ótimo para a autoestima.

Estamos falando mesmo de autoestima?

- Que está cada vez mais escondida, desaparecida de nosso mundo. Claro, ficamos procurando por ela em todos os lugares, onde será que a deixamos?

- Mas poucos são os que buscam dentro de si mesmos, dentro das próprias histórias, nas maravilhosas relações de amor e família. Buscamos reconhecimento fora de nós.

MERCADO/CONSUMO/INDIVIDUALISMO

Todos possuímos muitas coisas boas em nossas histórias e em nosso coração. Até naqueles que menos isso parece verdade, naqueles que insistem interpretar desamor em quase tudo. É porque neles o amor convive com dor e desespero.

Muitas das piores reações do ser humano têm origem nesse dilema de extrema dificuldade de interpretação. E todos nós possuímos sim um algo dessa confusão, em maior ou menor grau.

Todos nós vivemos em um processo de crescimento e libertação, cada um em um ponto no gráfico da vida e com características próprias da própria história.

Por isso mesmo Jesus pregou amar o inimigo para com esse amor dar chance a ele de descobrir as muitas possibilidades em si mesmo.

Por isso Jesus também disse para que andássemos sempre mais uma légua com esse inimigo. Para que houvesse tempo para essa transformação. Nele e em nós mesmos.

Todos somos catalisadores da evolução uns dos outros.

Um grande passo na vida é dado em direção à maturidade mais equilibrada quando conseguimos de fato acreditar em nós mesmos, na vida, e em nossa possibilidade real de amar e sermos amados. O fato é que a percepção de sermos amados depende tanto da capacidade daquele que nos transmite essa informação, quanto da nossa capacidade e interesse em compreender, acreditar e aceitar esse amor. E este livro está aqui para te provocar a acreditar (o tempo todo).

Então vamos acreditar no amor Ágape, que é o amor partilha, fraternal, motor do mundo social. Precisamos acreditar no amor Phylos, que é o pensar no amor, estudar o amor, pensar com qualidade é o motor do nosso crescimento. E, finalmente, viver o amor Eros, que é o amor pelo sexo oposto, o sexo divino, vivenciado para a construção da família e de toda a Sociedade.

Fato é que quanto mais nos conhecermos, e mais gostarmos do que passamos a conhecer em nós, mais poderosos somos em:

- Gostar dos outros, pela nossa capacidade de compreensão, tolerância..., sem carências exageradas, sem sofrimentos absurdos, pois desse modo finalmente não nos colocamos como vítimas de uma cultura imposta. A cultura do medo trocada pela cultura da confiança no amor.

Por outro lado, o desconhecimento de nós mesmos traz muito sofrimento por escolhas precipitadas, por desejos de atalhos de amor em nossas vidas...

A verdadeira espiritualidade é evidenciada pelo quanto amamos os outros, sempre espelhando o que de bom aprendemos de nós mesmos.

Por isso mesmo o "Amar a Deus sobre todas as coisas e ao próximo como a si mesmo".

Para o crescimento de todos.

Somos uma unidade na diversidade em amor!

Capítulo **XVI**

FREUD NÃO PULA ETAPAS

QUANDO REALMENTE INICIA A SEXUALIDADE?

Vamos agora dar um pequeno passeio por alguns conceitos freudianos, sem investigarmos a fundo e apenas para brincar com as palavras **SATISFAÇÃO E PRAZER**. Uma constante busca biológica, motor e libido.

Em cada fase há uma gigantesca necessidade biopsicológica de atenção e adequação. Caso malconduzidas, em cada época, sofremos consequências ruins por muito tempo até poderem ser trabalhadas o suficiente, se assim permitirmos (a nós mesmos).

FASE ORAL

De zero a 18 meses. No início da vida humana a exploração e a descoberta do mundo são predominantemente realizadas por meio da cavidade oral com a experimentação de qualquer coisa que estiver ao alcance do nenê. Tudo é levado à boca em uma relação sensório-afetiva da criança com o universo que a cerca. Amamentação e sucção dominam como fontes de **SATISFAÇÃO E PRAZER**.

Uma explosão de dopamina (hormônio do amor) e ocitocina (hormônio de ligação, construção, e a solidificação dos nossos relacionamentos).

No colo, ou no berço, o olhar da criança na direção do olhar da mãe, e desta para a criança, influencia muito a construção do afeto e da vida. As mãos são levadas à boca também para buscar, manter e garantir a sensação de segurança. A chupeta então vem para substituir as faltas, o chupar qualquer coisa, vale até o chinelo da avó. E mais tarde o roer de unhas delatando ansiedade (medo) por aquela segurança de algum modo perdida, ou não bem construída na relação.

Grande falta começa a existir desde muito cedo nas ausências de olhares amorosos, da presença corporal e no equilíbrio de afeto, principalmente provocados pela distância da mãe, muitas vezes, e hoje cada vez mais, de ambos os pais.

Um impulso natural nas faltas pode se tornar, aos poucos e ao longo da vida, uma compulsão na ansiosa busca da **SATISFAÇÃO E PRAZER**, infelizmente pouco encontrados no momento adequado.

Então exageros alimentares, sexuais e tantos outros no adulto... podem ser resultantes dessa fase fundamental do amor não tão bem vivida, mal trabalhada e não resolvida. O resultado atinge direto nossa autoestima. E muito de nossos sofrimentos atuais são apenas por uma busca desesperada e inconsciente daquele afeto pouco revelado, quase nunca oferecido.

As consequências são terríveis neste mundo. Para nós e para todos aqueles que se aproximarem de nós, podendo tornar-se vítimas de nossa busca frenética por amor, compreensão... e compensação.

FASE ANAL

De um a três anos. A descoberta paulatina do controle dos esfíncteres nos introduz ao mundo da realização pessoal.

- "Papai! Papai! Vem ver a minha obra-prima!"
- "Olhe papai! Fui eu que fiz esse montão de cocô! Não é lindo"?

Importante competência, o reconhecimento de domínio que leva a agradável sensação de poder e autonomia. Inicia-se aqui a progressiva independência graças à certificação pela criança de suas possibilidades reais em um mundo ainda muito restrito.

O reconhecimento do controle dos instintos (internos, antes inconscientes), que nos faz viver e conquistar uma verdadeira autonomia, é fonte ainda maior de **SATISFAÇÃO E PRAZER**.

Quanto mais conquistamos o autocontrole dos nossos instintos, nosso domínio sobre a **SATISFAÇÃO E PRAZER**, mais adultos maduros e responsáveis nos tornamos. E este é um importante ponto em nossa evolução física e também, principalmente, espiritual.

Do controle mal trabalhado ou não realizado no momento correto, ao descontrole a cada relação que nos é posta, todos nós experimentamos mais tarde, e ao longo da vida, turbulências maiores ou menores enquanto navegamos em nossos múltiplos relacionamentos. Deficiências oriundas dessa fase de desenvolvimento.

FASE FÁLICA

De três a seis anos. A grande descoberta dos genitais. Manipulação frequente como maior fonte para obter gratificação. A criança passa a reconhecer as diferenças entre os sexos. Não há nenhum preconceito, porém isso depende do preparo e conduta emocional e conceitual dos pais.

Duas crianças de sexos diferentes podem sim olhar e manipular a si mesmas, um ao outro, sem nenhuma maldade, apenas uma curiosidade em um tipo especial de prazer que não sexual.

Porém, se forem "pegos" pelos pais nessa hora, algo ruim pode acontecer e ficar assim gravado negativamente nessas crianças. Para o adulto bastaria observar e logo meninos e meninas partem para outros interesses com seus brinquedos favoritos. Aliás, até os pais podem chamar a atenção das crianças para outras "curiosidades" e funciona.

Se essas "coisas" naturais acontecem em locais públicos ou onde causem algum constrangimento, não se apavore, apenas apresente a ela aqueles outros seus interesses que a criança desvia a atenção, geralmente sem maiores problemas.

A fase fálica – de *phallus* – solicita para a criança, e muitas vezes até a obriga, uma verificação mais apurada de quem tem mais "poder" entre os meninos, e hoje, por que não, também entre as meninas. E aqui muitos acreditam que o tamanho do pênis é "documento". Infelizmente alguns adultos (apenas em idade) ainda acreditam nesse engano e podem permanecer com este pensamento até o fim da vida. Triste engano porque causa um sofrimento absolutamente desnecessário, afinal, tamanho definitivamente "não é documento".

Contudo, aqui há sim uma forma intrínseca de poder e dominação. Não a única, mas a constante e muitas vezes equivocada busca de **SATISFAÇÃO E PRAZER**.

Padrões de hierarquia, quando bem trabalhados, maravilha. Eles existem, são bons para a humanidade e fica tudo certo com "cada macaco no seu galho". Quando essas diferenças hierárquicas de poder são mal conduzidas, quantas guerras se iniciaram por essa emoção machucada?

Qual a relação de poder que devo ter com alguém mais velho? Com meu pai, com meus companheiros de profissão, mais experientes? Com o restante da sociedade?
- Dominação?
- Acho que não há necessidade de competição, não é verdade?
- Basta ser!
Ou bastaria!
Precisamos hoje ainda descobrir quem tem o maior... "PODER"?

FASE DE LATÊNCIA

De sete a doze anos. Agora toda energia está dirigida a amigos, escola, esporte, arte, música, brincadeiras (desde que não tenham assistido a programas hoje repletos de sensualidade). **SATISFAÇÃO E PRAZER** agora em enorme bagunça.

Vínculos fortes de amizade aumentando ainda mais a autoestima, grupos, regras, opiniões, personalidade e segurança. Intensa atividade social e a sexualidade apenas eventual. Às vezes, até brincadeiras com componentes sensuais entre crianças do mesmo sexo, principalmente entre meninos, mas sem nenhuma conotação sexual mais forte ou até homossexual, atual ou futura. Apenas "coisas de meninos" se descobrindo cada vez mais. Despreocupem-se pais.

Nessa fase, são raras essas brincadeiras entre meninas. Brincadeiras estranhas para os adultos que ficam, às vezes, muito apreensivos. E assim vamos seguir adiante até alcançarmos a PUBERDADE!

FASE GENITAL

Em torno de 12 anos. PUBERDADE. Retomada da energia sexual, porém agora muito mais intensa. Mudanças físicas enormes acompanhadas de desafios psicológicos. Novas descobertas e muitas "curiosidades" e medos. Perde-se a identidade infantil e começa a construir a adulta. Leia essa frase novamente:

> **PERDE-SE A IDENTIDADE INFANTIL E COMEÇA A CONSTRUIR A ADULTA**

Atração e amor, muitas vezes um amor platônico pelo outro sexo.
Quem de nós não viveu uma grande paixão nessa idade de 11, 12 ou 13 anos que atire a primeira flor! Aquela mesma flor que você ficou

tantos dias admirando, fechado em seu quarto e sonhando entregar para a agora maravilhosa menina da escola. Menina que você conhecia há anos, mas, sem saber o porquê, nunca a havia notado daquela maneira tão, tão, tão... Ah! Sei lá! Ainda não sabe mesmo.

Então acontece aquela tão esperada excursão da escola e a "profe" que vai acompanhar a pseudogarotada se vê louca.

- "Olha"! Um diz para o outro. - "A 'profe' de biquíni na beira rio'"!

Ela está ali para cuidar e ver as "crianças brincarem"... e deixa quase todos os meninos enlouquecidos.

- "Ai Tia"! Pensa um deles enquanto passa bem perto daquela agora "musa", que há pouco era somente a tia da escola. Tudo isso requer um aprendizado progressivo e essencial do controle saudável da imensa **SATISFAÇÃO E DO PRAZER**.

IMPORTANTÍSSIMO: está instalada uma habilidade biológica para serem pais! Mas pela primeira vez na história humana na terra há um despreparo cultural absurdo para serem finalmente pais. Mudou tudo.

Não cabe mais tal "afronta da biologia" nesta nova e contemporânea sociedade. Sexualidade nessa idade?

- Não se permite em nossa cultura transformada após a Segunda Guerra Mundial. Não pode ser aceita tal conduta. Mas a nova CULTURA esqueceu de combinar isso com nossa BIOLOGIA. E agora?

- O que fazer?

- A biologia puxa para um lado, que desde sempre puxou, e uma nova cultura empurra a biologia para fora do curso da vida enquanto joga todos os jovens para agirem sexualmente apenas em uma idade bem mais avançada.

Muitos trabalhos "científicos" são manipulados para provar para você que "gravidez na adolescência" traz graves prejuízos à jovem mulher e um enorme risco de morte da mãe e do seu nenê. Quero te contar uma coisa: estes trabalhos não se sustentam. Mentira absoluta! Manipulação adulta da verdade a fim de bloquear a vida sexual dos filhos por meio do medo! Como sempre!

Tolos, medrosos no poder e no controle!

Conte isso para Deus que engravidou Maria, a Mãe de Jesus, aos 12 anos de idade, logo após sua puberdade.

Pelas nossas leis atuais, Deus e o Anjo Gabriel devem ser detidos imediatamente, pena inafiançável por estupro de menor vulnerável.

Sim! Depois de se recuperar do choque pelo que eu escrevi agora, pense! Na natureza, por que uma mulher menstrua e ovula aos 12 anos em média?

- Para ficar anêmica de tanto derramar seu sangue pela terra enquanto espera vinte, trinta anos ou mais para então engravidar?

Sim! Hoje, criadas nesta cultura dominante, muitas mães concordam com ela e tornam-se favoráveis a esse pensamento atual que nos limita, de certo modo machuca, nada edifica para as mulheres e, francamente, é prejudicial à biologia.

Por outro lado, paradoxalmente e de modo absolutamente cego, maquiam demais as crianças, desde muito cedo na infância, como se fossem mulheres adultas. Roupas sensuais, óculos escuros.

Lindas anãzinhas.

Certa vez, após uma palestra para professoras em uma escola pública, fui confrontado por uma daquelas "mestras" que dizia que ela maquiava sim a filha e não via nada de mal nisso. Completou falando que se eu mesmo disse na palestra que a menina brinca de boneca para ser mãe, não seria a mesma coisa?

Ao que eu respondi que não, não é a mesma coisa.

BRINCAR DE BONECA É MUITO DIFERENTE DE BRINCAR DE SEDUÇÃO

Teatralizar sedução é contar para nossos hormônios o que desejamos, e eles respondem para nós realizando o que o corpo tanto quer.

Portanto, o que precisamos teatralizar são sonhos saudáveis construídos por nossos bons pensamentos. Então conte para teu cérebro teu sonho e expectativa na vida, para e veja o que cada célula de teu corpo passará a fazer por você.

E AGORA INICIA-SE A ARTIFICIAL ADOLESCÊNCIA

Uma fase de congelamento do adulto...

PARA QUE VOCÊ POSSA DESENVOLVER COMPETÊNCIAS EXIGIDAS PELO MUNDO ADULTO DE HOJE

Capítulo XVII

Que Respostas Daremos a Esses Jovens?

Pelos assuntos tratados até aqui já é possível reconhecer que houve em nossa história uma verdadeira revolução no comportamento humano nas últimas décadas. As novas demandas sociais, incluindo, e principalmente, as relações de gênero, trouxeram melhorias, porém alguns problemas importantes que ainda não tivemos tempo suficiente para melhor avaliar, trabalhar e, sendo assim, nem fomos capazes de compreender da maneira correta e amadurecer.

Sem perceber construímos uma armadilha e nela estamos patinando, nos contorcendo, sofrendo e fazendo sofrer. Contudo, acredito, e espero que você navegue comigo nestes pensamentos, que algumas propostas podem ser oferecidas para a realização de melhores caminhos nas relações familiares e sociais.

Escrevi "realização" porque vamos construir e olhar para um novo modo de pensar e agir e não precisaremos voltar ao passado. Juntos, e com cuidado, montaremos aos poucos comportamentos mais adequados com as demandas deste nosso mundo. A proposta é ajustar nossa Cultura atual, formada há pouco mais de 50 anos, à nossa forte Biologia alcançada mais de 200.000 anos atrás.

Será que seremos capazes de pensar sobre isso?

Será que poderemos ao menos tentar elaborar questões necessárias para que dor e sofrimento sejam aliviados em todos nós?

Será possível para nós a aceitação e o reconhecimento da existência universal da **IMPERATIVIDADE DO AMOR**?

É o que mais desejo neste momento.

Vem comigo!
Dor é consequência do não pensar.
Dor é seguirmos maltratando a todos nós.
Sofrimentos absolutamente desnecessários.

Pensamentos para pais e professores, quanto ao jovem.

Precisamos compreender a normalidade da sexualidade e reconhecer a importância de cada uma das fases biológicas e emocionais.

Também aceitar as diferentes evoluções e singularidades de cada jovem neste tema a partir da puberdade, ou até mesmo antes dela.

Refletir e ajudar o jovem mostrando a ele que não há necessidade de "imitar o bando" em tudo. Não é porque "muitos" no grupo iniciaram as relações sexuais que ele precisa antecipar-se ao encontro e momento ideal. E a decisão, sim, é dele, não dos pais, nem dos professores, nem de ninguém. E esta escolha correrá sob sua responsabilidade. Ele é sim capaz de assumir esse compromisso consigo mesmo.

Postergar ou não o início da vida sexual, portanto, merece diálogo. Você adulto, pai, mãe, também merece essa experiência de uma maravilhosa conversa com o filho. É um daqueles momentos únicos na vida que produz elevadas e eternas boas lembranças para os dois.

Precisamos também oferecer diálogos do mundo adulto, por respeito ao jovem e não o tratando como um extraterrestre. Ele é adulto e merece ouvir sobre "as grandes caçadas nas selvas de hoje, os problemas, avanços, movimentos e comemorações".

Trabalhar diversos temas e incluir a gravidez em um momento oportuno, os riscos de contrair doenças venéreas, o uso de drogas lícitas e ilícitas. Conversas francas com dados corretos.

Isso demonstra nossa atenção para com ele e o jovem percebe a importância dos temas e de si mesmo nessa nova fase que se inicia.

Diálogo é uma das melhores maneiras de ajudar o jovem a sentir-se aceito e reconhecido. Valorizar as opiniões e decisões dele sem medos ou preconceitos.

É MEU FILHO (MINHA FILHA) E TEM TODO O MEU APOIO

Afinal! É meu filho (minha filha) e tem todo o meu apoio.

"Mesmo que ele tenha tomado decisões equivocadas, mesmo que pense diferente de você"?

- Sim! Que bom, e errará muitas vezes.

"Mas..., mesmo que você descubra que a filha amada se tornou 'prostituta infantil'? Mesmo que o filho amado esteja 'usando drogas'? Mesmo que..."!

- Sim! É meu filho, minha filha, e sempre terão o meu apoio. Terão que passar pelas histórias deles. Afinal, amor é aquilo que você sente pelo outro mesmo quando parece que ele não vale mais nada.

> **AMOR É AQUILO QUE VOCÊ SENTE PELO OUTRO MESMO QUANDO PARECE QUE ELE NÃO VALE MAIS NADA**

Veja! Não sou a favor das drogas, mas sou a favor dos meus filhos. E, importante! Não significa em momento algum que eu aprove os erros. "Deus ama o pecador, não o pecado". E você se lembra da história do filho pródigo? Então! Haja correto, tenha muita paciência com os filhos, mantenha-se receptivo que eles voltam.

E vamos comemorar muito quando "eles voltarem".

Meus filhos serão eternamente bem recebidos em minha casa, pois desde sempre, desde o nascimento deles, chegaram, foram recebidos e acolhidos com as próprias almas em meu coração.

Simples?

- Nem de perto.

- Mas, verdadeiro.

E a homossexualidade é pecado?

- Alguns dizem que, segundo a Bíblia, sim!

Mas, vejamos!

As religiões afirmam que é pecado por considerarem uma escolha individual.

Será que na imensa maioria dos casos é uma escolha?

- Não. Mas, em alguns casos sim, no entanto em condições difíceis de avaliar, mas passíveis de compreensão.

Tenho visto hoje em meu consultório meninas que "decidiram" pela homossexualidade apenas, segundo o que elas dizem, porque não encontram homens, somente meninos irresponsáveis e vazios. Adolescentes, no sentido pejorativo do termo, e de todas as idades.

Nossa! Como machuca ouvir isso e perceber a carga de dor que elas trazem nessa fala.

Portanto, elas "escolhem" viver a própria sexualidade com uma amiga de confiança.

Será, então, apenas uma escolha momentânea ou também pode aqui ter se somado uma tendência preestabelecida?

- Eu não sei!

- Ninguém sabe!

- Mas sempre existem pessoas cheias de certezas, prontas e com o dedo em riste para acusar, julgar e executar. Essas são as pessoas que sempre sabem tudo, sobre todas as coisas. Platão já tratava esse aspecto humano ao que chamou apenas de "opinião" – *doxa*.

Bem! Só aqui daria outro livro.

Mas, se pensarmos em "tendências internas e preestabelecidas" para a homossexualidade, existem quatro teorias científicas maiores:

1ª) **Genética** – DESDE A FECUNDAÇÃO, que seria já no encontro e união do material genético existente nos gametas dos pais, construindo assim uma formação diferente ou não biologicamente convencional, ou, melhor, menos usual, em um ou mais cromossomos, apresentando ali um fator de determinação sexual atípico do habitualmente aguardado.

2ª) **Epigenética** – alguma influência externa (do meio) sobre uma porção do material genético que age como se houvesse uma chave ligando e desligando áreas específicas do cromossomo e ativando POSTERIORMENTE, no caso, fatores sexuais determinantes diferentes dos esperados por aqueles genes.

3ª) **Hormonal** – influência de hormônios sobre nossas células cerebrais, desde a fecundação ou em algum momento posterior.

4ª) **Comportamental** – influência psicogênicas da família, criação, amigos..., história de vida, interpretações, traumas.

Incluirei uma quinta "teoria" aqui que é a versão, digamos, da percepção de alguns: "uma simples escolha".

Certa vez consultei um psiquiatra e ele, depois de algum tempo de conversa, olhou bem para mim e disse que não entendia por que eu não era homossexual. Segundo ele, minha história familiar – na ideia dele – afirmaria o contrário do que ele via.

Bem! Eu estava com 21 anos e não me abalei em nada com aquela fala. Hoje estou com 60 anos "e ainda não senti nenhuma vontadinha estranha". Acho que ele se enganou. Mas, estou escrevendo isto apenas para afirmar um ponto que considero importantíssimo:

> **NÃO CONSIGO SER HOMOSSEXUAL. NEM TENTANDO! COMO ACUSAR E CONDENAR ALGUÉM QUE, INDEPENDENTEMENTE DE QUALQUER CAUSA, NÃO CONSIGA NÃO SER?**

Costumo dizer para alguns religiosos que insistem em manter uma verdadeira guerra de certezas contra o "pecado de gênero":

- "Jesus pediu para não julgarmos ninguém! Você quer salvar quem? Ajude, dê suporte, para que todos compreendam a vida como ela é. Acolha e deixe que cada um se entenda com Deus quando estivermos todos diante de trono Dele. Apenas inspire com sua própria vida".

Quando nos tornamos receptivos e não acusadores ganhamos a confiança do outro e se algo precisa ser mudado a própria pessoa o fará. Isso porque, muitas vezes, é exatamente essa falta de apoio e compreensão que leva qualquer um de nós por caminhos "equivocados" em todas as áreas da vida. Para mim, todas as pessoas são boas e a construção de cada pensamento eu detalho em outra obra: Verdade, Realidade e Insanidade.

Quando Jesus disse "Amar a Deus sobre todas as coisas e ao próximo como a si mesmo", por mais que eu leia e releia a Bíblia e outras tantas obras espirituais de outros povos e nações, não consigo achar em nenhum lugar escrito para não amarmos os homossexuais.

Estariam eles excluídos dessa frase de Jesus?

Sim, você diz que ama os homossexuais e por isso mesmo quer "curá-los". Curar de quê?

- Homossexualidade não é doença.

Um erro grave de interpretação da vida.

Uma falha que machuca o outro, o próximo, um filho de Deus.

Talvez no máximo a medicina hoje ainda possa classificar homossexualidade como o faz em tantas outras diferenças biológicas menos frequentes como "Variantes do Normal". Apenas uma terminologia médica para determinar o que não é usual, não é a maioria.

Disponibilidade, amor, partilha, respeito...

Homossexuais sofrem muito por pressão da nossa ignorância. Geralmente mais até do que nossos filhos chamados heterossexuais.

HOMOSSEXUAIS SOFREM COM NOSSA IGNORÂNCIA

Certa vez eu lio escrito de um pai em uma revista, perdoem-me, perdia referência para citar quem escreveu:

"*Se meus filhos forem gays poderão ter milhões de dúvidas sobre si mesmos e sobre o mundo, mas nunca terão um segundo de dúvida sobre o verdadeiro amor que sinto e guardo por eles*".

Valeu?

- E então, Religioso, Filósofo, Cientista?

- Vamos crescer juntos?

Capítulo **XVIII**

Nossas Posições Diante do Mundo

PARA PAIS E PROFESSORES, QUANTO AO PRÓXIMO

O grande outro

Precisamos falar com os jovens sobre os direitos e deveres de homens e mulheres; cultura de modo geral abrangente e específica de muitos países; gêneros masculino e feminino e suas variantes que sempre encontraremos em diversos meios e devemos estar prontos para esse encontro, realidade que afastará o preconceito; idades diferentes, impulsos, libido e orientação sexual.

Discutir sobre respeito e violência sexual em todas as escalas: estupro, abuso, pedofilia, erotização da vida.

Bulling.

Políticas públicas para saúde reprodutiva, governo e sociedade na prevenção das doenças sexualmente transmissíveis.

PRECONCEITOS SÃO ARMADILHAS DO MEDO.

Não tratar desses assuntos com os filhos e alunos é deixar que eles descubram sozinhos e com as verdades do mundo, muitas vezes experimentando no papel de vítimas desses problemas.

"Um mundo repleto de inovações tecnológicas não pode ter padrões morais elementares da Natureza Humana cada vez mais negligenciados. Um dos maiores riscos da atualidade é o divórcio entre a economia e a moral".

Papa Francisco

Negligência não é algo esperado de um adulto cuidador.

Quem não sabe algo muitas vezes não tem culpa por não saber, afinal, sofreu com a negligência e a ignorância de seus próprios pais e cuidadores.

Mas quem não quer saber e foge do conhecimento não merece ser considerado um adulto digno desta vida?

- Merece sim.

Existiram problemas para ele chegar até ali. Portanto, precisamos ser gentis e acolher a todos. Desse modo, abrimos caminhos para a curiosidade e aprendizado daquele que não encontrou ainda "merecimento".

Não sabemos tudo, mas a felicidade humana exige a busca insistente por amor, conhecimento e RECONHECIMENTO.

PARA PAIS E PROFESSORES, QUANTO À SOCIEDADE

Nosso mundo e a sociedade precisam de todos nós.

Uma pesquisa nacional da Unifesp sobre o comportamento dos jovens em 149 municípios mostrou que eles estão enviando um desesperado pedido de socorro (Curioso! Eles consideraram jovens entre 14 e 25 anos de idade).

- 34,1% dos pesquisados fazem sexo sem preservativo (sem cuidado);
- 33% declara usar droga e álcool toda semana;
- 21% deles têm indicadores de depressão;
- Um em cada dez já pensou em se matar;
- 5% já tentou suicídio.

Uma importante relação com nossa atualidade associada ao culto, ao consumo de produtos e serviços e ao pior dos mundos vividos no individualismo. É a solidão mesmo encontrando e estando com tanta gente.

> **UM EM CADA DEZ JÁ PENSOU EM SE MATAR**

"Formamos profissionais e destruímos seres humanos".

"Um custo muito alto para ficarmos apenas olhando".

Carl Hart no livro "UM PREÇO MUITO ALTO".

Carl Hart, psicólogo negro norte-americano, com doutorado, pós-doutorado e único pesquisador autorizado a gerenciar experimentos em humanos viciados em drogas pesadas.

Ele mesmo conta sua trajetória de vida como um delinquente e usuário de drogas, desde as mais leves até as mais pesadas, e mostra como transcorreu a própria história, a de amigos e parentes na Flórida/EUA da época que viveu como "adolescente". Um livro riquíssimo em informações, mas aqui quero enfatizar pontos que ele listou para as causas da delinquência juvenil:

- Pais e cuidadores ausentes.
- Excesso nas punições.
- Falta de objetivos acadêmicos, profissionais ou atléticos.
- FALTA DE RECONHECIMENTO COMO ADULTO. Ao que eu completo: capazes de sentirem-se respeitados na própria sociedade.

Este que eu venho trazendo há muitos anos e observando resultados nas tantas palestras que faço sobre este tema.

"Você jovem é adulto como eu. Apenas cheguei um pouco antes na Terra. Vim mais cedo, no tempo deste mundo, para preparar o caminho. Também passei por dores e você passará. Porém, existe muito mais alegria. Mas para vencer é preciso antes 'acreditar, compreender, dar novos significados e fazer novas escolhas'".

Correções que eu proponho desde há muito tempo em minha vida, hoje temas do Programa SUPERCONSCIÊNCIA/FAMÍLIA DO FUTURO:

- Relacionamento maior com pais e cuidadores "presentes de fato", mesmo que às vezes a distância, e limites equilibrados.
- Construção de sonhos: objetivos acadêmicos, profissionais, esportivos e espirituais.
- Reconhecimento do jovem como um adulto capaz de fazer escolhas e assumir suas consequências de erros e acertos.
- Aprender com a vida sempre usando o mesmo olhar de amor com o qual a primeira vez enxergou e reconheceu a própria mãe. Não há criança que não sorria neste momento. Seu coração lembra disso. Use!

Segundo Carl Hart, a acusação no reconhecimento da falta e do delito, a punição de acordo com as regras e a lei, são saudáveis. Contudo, o encarceramento do jovem pode acabar por solidificar desnecessariamente uma identidade criminal.

Concordo. A punição para um jovem é diferente para um adulto. O jovem não possui o cérebro formado para "refletir" consequências. E excessos de punições podem ferir demais e tornar cada vez mais difícil possível entendimento por parte dele e consequente recuperação.

Sim! Muitos (pseudoadultos) querem simplesmente encarcerar um *"jovem animal humano agressor"* que está, NA IMENSA MAIORIA DAS VEZES, apenas reagindo a ausência dos pais (amor e limites), ausência de sonhos, ausência de espiritualidade, ausência de respeito.

Minha pergunta que não quer calar:

- "Será que o <u>não reconhecimento</u> como adulto após a puberdade e o <u>afastamento do grupo</u> maior, deixando o jovem em um limbo da própria história para que 'ele se prepare para o futuro', não podem ser grandes causas de tantos desvios e delinquência? O comportamento ruim pode ser muitas vezes quase que um "Por favor, <u>olhem para mim</u>! Quero <u>estar com vocês</u>, quero <u>me sentir útil</u>, <u>reconhecido</u> e <u>valorizado</u>"!

O que você acha após ler este livro até aqui?

É possível pensarmos um pouco mais sobre isso?

E mudarmos alguns atos nossos?

Correção da ausência é a presença de cada um de nós. Companhia, afeto e direção. Trancafiar o jovem é empurrar nossa sujeira para baixo do tapete da ignorância e da vergonha.

O ENCARCERAMENTO DO JOVEM ACABA POR SOLIDIFICAR A IDENTIDADE CRIMINAL

Há! É verdade! Não há dinheiro ou políticas públicas para isso!

Então "parem o mundo porque quero descer"!

O dinheiro gasto com as consequências da nossa ilusão, inação e loucura em relação a esses temas é incalculável. Olhando de outro modo:

- O dinheiro que será ganho com o investimento no jovem, no amor e na fraternidade será espetacular (tese absurda?).

Como será a produtividade em um mundo mais feliz?

Não posso abandonar "o meu próximo" enjaulado em um inferno, dar as costas para ele e seguir com "políticas públicas fechadas", materiais e superficiais.

E não vou seguir desse modo.

Vem comigo?

Em minha opinião como médico, como pai, lutando para ser cada vez mais digno do universo e reconhecido como humano enquanto aqui na Terra, vejo que sim, abandonamos nossos filhos, tratamos nossos jovens como números e estatísticas estampados em pedaços de papel, vemos todos eles como problemas de saúde pública.

Nossa afetividade é mecânica. Chegadas e despedidas no máximo com beijinhos vazios, apenas com significado ritual, sem intencionalidade.

Achamos que estamos protegendo nossos filhos com nossas atitudes culturais impensadas, nunca questionadas, muitas vezes insanas. Não se é permitido questionar certezas?

"Nossos Jovens são Órfãos de Palavras".

É difícil saber que meu filho é órfão de pai e mãe ainda estando nós vivos? Muitas vezes passam horas e horas olhando perdidos na direção de um horizonte inexistente, com enorme sentimento de sofrimento e solidão. E nós damos as costas e dizemos, a quem queira ouvir, que algum problema que esteja acontecendo "é próprio da idade".

E não vamos na direção deles.

Eles não querem a falsa segurança de quando simplesmente era proibido proibir. Desejam e esperam ansiosamente por limites e direção, imploram a companhia dos pais! Anseiam por respeito e responsabilidade. E quando não veem outra saída, exigem amor com agressão.

Querem que olhemos sempre para eles e que algo maior em nós seja capaz de tirá-los da zona de conforto em direção a um futuro, querem que possamos contar que há uma excelência a buscar e sonhar e que existem modelos maravilhosos para seguir.

Querem que a família seja seu porto seguro e que a felicidade está ali, bem perto, na PRÁTICA DE VIRTUDES, na atenção, e não na mera **SATISFAÇÃO** dos instintos de **PRAZER**!

SATISFAÇÃO E PRAZER

Lembre agora dos objetivos de cada fase que listei no capítulo **Freud não pula etapas**. Escrevi lá atrás apenas para chegar até aqui.

Fisiologia é bom, mas exige direção.

A evolução da sexualidade humana adequada não combina com controles cegos de ignorância e medo.

Então? O que fica de mais importante?

- Existe um amor nobre que sabe respeitar o outro.

- O jovem pode e deve ser tratado como um adulto... ainda em formação, mas um adulto!

Ainda ecoa no Brasil os dizeres do Papa Francisco:

- "É preciso acreditar no jovem e nos valores deles".

Capítulo **XIX**

E Quanto aos Adultos?

Ai meu Deus! Agora pegou!

FATO I – uma geração de mulheres criada a partir da Segunda Guerra Mundial, para a independência. Estudar, amar, viajar, viver, conquistar posições no mercado e igualdade de direitos com os homens.

Porém, passado algum tempo e após grandes descobertas e algumas frustrações, hoje, muitas delas se tornaram solitárias, mesmo depois de conhecer muitos "amores". Agora com mais idade, sentem-se um pouco confusas e querem apenas *"comer, rezar e amar"*.

- Sim! Passam a ter consciência de que não querem mais essa experiência contemporânea, que, na verdade, nunca quiseram renunciar a companhia de um homem, um companheiro para compartilhar da vida e do amor, porém, às vezes e infelizmente, descobrem isso muito tarde. Acredito que nunca é tarde para amar. Ufa! Sempre há tempo.

FATO II – uma geração de homens que vêm aos poucos aprendendo, ok, empurrados, a reconhecer e até a incentivar as mulheres em projetos próprios profissionais e de vida. Eles não querem desistir de dar seu amor. E esses homens de fato nunca desejaram isso.

Porém, hoje ainda muitos deles têm dificuldade de compartilhar poder. Alguns homens ainda têm medo dessa recente competição "desigual", em muitos aspectos.

Considerando o tempo humano, é um período muito pequeno para adaptações necessárias que ainda estão por vir. Ambos, homens e mulheres, lutam por amor e respeito nessa relação. Mas veem tudo isso de maneira ainda muito superficial e distinta. Até o Amor e o Respeito são pensados de modo diferente e precisam urgentemente se dispor a aprender um ao outro, um com o outro.

FATO III – uma sociedade com milhões de "opiniões" diferentes sobre machismo e feminismo e, por isso mesmo, com grandes problemas na esfera profissional e até mesmo no lar.

Conceitos, medos, preconceitos, mitos arcaicos ainda arraigados no coração de muita gente. Uma das maiores patologias da humanidade chama-se "certezas". Todos temos certezas dos nossos "conceitos e pensamentos" e permanecemos neles colados de modo primitivo, assim como um cão faminto cerca e protege o osso que conquistou. A certeza só dele, a única que vale é o que acredita. "Nem vem que não tem".

FATO IV – precisamos, enfim, reconhecer que estamos em uma "Curva de Aprendizado". Urge aprendermos logo, e definitivamente, a amar e respeitar. Amar e respeitar a cada aspecto do outro humano, daquele que amamos, daquele que deveríamos amar... melhor. Somente assim sairemos logo dessa curva.

ESTAMOS TODOS EM UMA CURVA DE APRENDIZADO

Esta é uma das teses que eu defendo:
Mas, o que é uma curva de aprendizado?

Há muitos anos você dirige maravilhosamente bem seu carro com troca automática de marcha. Aprendeu a dirigir assim e por toda sua vida segue tranquilamente sempre, agindo da mesma maneira. Vai para todo lado da cidade, para cima e para baixo, viaja..., e nem pensa como faz para dirigir. Apenas coloca a alavanca nas posições "parado, neutro, dirigir ou ré", e tudo bem. Você domina o volante e todo o sistema.

Um dia, e por algum motivo, você se vê sentado na direção de um carro com marcha mecânica, e não mais automático. Surge ali, entre seus pés, um pedal a mais além do freio e acelerador. Contam para você que é conhecido como embreagem, e você deve pressioná-lo até o final quando quiser "trocar a marcha" e depois soltar devagar para que o carro se movimente de acordo com a velocidade que escolher.

- Trocar de marcha?
- Precisa?
- Como assim?
- Soltar devagar?
- Soltar o quê?

E você sai com o carro.

Faz o mesmo trajeto de costume todos os dias. Mas em uma velocidade muito mais lenta e cuidadosa, prestando toda sua atenção em cada detalhe do "novo dirigir".

O que você já fazia há muito e sem pensar em nada disso, agora está com medo! Não vê a hora de chegar ao destino e sair dessa "confusão" criada. "Quem teve essa ideia de colocar marchas se nunca foi necessário"?

Logo aprende, mas leva algum tempo.

Comete erros.

O carro dá um pulo e o motor desliga sozinho algumas vezes, até você descobrir a maneira e a velocidade certa para tirar o pé da embreagem. Embreagem? O que é isso?

Às vezes você acelera e o carro não anda, afinal você optou por uma marcha muito leve e ainda mais se está em uma subida.

Porém, e pouco a pouco, começa a DOMINAR O NOVO SISTEMA. E, após muitos erros, "pimba"!

Aí está você! Poderoso novamente do volante.

"Curva de aprendizado" é o tempo que você experimentou, com todos seus erros e acertos, enquanto precisou aprender a operar a dirigir esse novo carro, uma nova máquina... ou sua nova vida.

Mas, esforçou-se para aprender. Isso é o que vale.

E, porque se dedicou, teve interesse em aprender, Venceu!

Sempre vence.

Antes de "chegar lá" quero contar que esta minha experiência com marchas se deu ao contrário. Desde que aprendi a dirigir utilizei um carro que era preciso trocar as marchas. Três pedais e um câmbio de trocas. Acelerador, embreagem, freio, depois volante... e vamos lá. Aprendi, treinei e meu cérebro e ele se acostumou, a ponto de jogar tudo para o inconsciente e eu poder pensar em diversas coisas enquanto seguia meu caminho. Se você dirige, sabe muito bem disso.

Minha primeira viagem à Europa estava com 25 anos de idade. Aluguei um carro em Paris e quando o motorista da locadora o trouxe parou em fila dupla (nem estacionou ou desligou), isso, na frente da loja, bem no circuito de "milhares de automóveis" em torno do Arco do Triunfo". Me dei conta de que precisava embarcar logo e sair daquela situação. Quando me sentei no bando da direção, imediatamente fui colocar o pé na embreagem sem olhar (claro pra que olhar?) e senti um pedal duro e grande. Só tinha freio e acelerador. Olhei para o câmbio para "engatar uma "primeira marcha" e... o que é isso. A alavanca estava lá. Mas havia um caminho para ela e letras como P, D, R... O que fazer.

D (*drive*, escrito ao lado da letra). Deve ser esta. "Engatei" e saí dali. Ufa! Mas, e agora? Como trocar de... ué, trocou sozinha? Basta acelerar? Parece um carro que dirigi na infância, um minicarro, que só tinha acelerador e freio. Fechou o sinal! Meu cérebro manda pisar na embreagem para reduzir a marcha e.... UIA! Travei o carro, era o freio grandão. Quase a cara no vidro do carro. Sai de lá com pressa e ansioso pela novidade, nem cinto de segurança afivelei. OK! Calma!

De pulo em pulo, susto em susto em pouco tempo já estava se acostumando com o novo sistema e... hoje meu carro é automático e não troco por nenhum outro. Até aparecer outra novidade no mundo e na vida.

A curva de aprendizado é o tempo que levamos até: aprender.

Então vamos ao que interessa:

Acredito que Deus nos deu uma nova máquina para pilotar melhor nossa vida. E ela se chama "Lobo Frontal". Uma nova peça neural, um equipamento cerebral, um *hardware* que os demais animais não possuem. Nem os computadores têm "lobo frontal", ainda!

Ela está posicionada bem aí atrás de sua testa.

Coloque seu dedo indicador agora na testa.

Colocou?

- Não tenha medo!

Bem aí atrás desse osso frontal está o Lobo, um cérebro novo.

E duas são as suas funções principais:

- Planejamento estratégico.
- E visão de futuro.

PLANEJAMENTO ESTRATÉGICO E VISÃO DE FUTURO

E ele, com todo o córtex cerebral, trabalhando como uma verdadeira equipe, ajuda a controlar o cérebro primitivo, principalmente no que se refere ao controle das emoções.

O medo, a raiva, a tristeza, a alegria...!

Apenas nos debatemos um pouco com ele, como se estivéssemos dirigindo um carro novo, diferente..., enquanto não nos dedicarmos a conhecê-lo melhor. A aprender mais sobre ele. A viver com ele.

Entendeu agora o porquê da comparação? Estamos sempre pressionando pedais que não devemos, enfiando a mão em câmbios que não precisam ser sequer tocados... simplesmente porque, e principalmente por medo, nos recusamos a APRENDER.

Enquanto não tentarmos dirigir plenamente nosso cérebro, com todas as partes dele, nas incríveis "ruas de nossas vidas", vamos bater em cada esquina.

Imagine agora como será dirigir um carro em um país como a Inglaterra que o sentido das ruas é contrário ao que passamos a vida toda acostumados. Então, imagine "dirigir" em uma casa onde as pessoas vivem sinais diferentes, pensamentos distintos daqueles que aprendemos em nossa casa de origem? Entende agora confusões (desnecessárias)?

Precisamos desejar a mudança e enxergar nela a imensa vantagem de sermos felizes em todos nossos relacionamentos (e viagens).

Acreditar, compreender, ressignificar e fazer novas escolhas.

Minha tese é que vivemos hoje ainda em uma curva de aprendizado com nosso cérebro novo e, por medo ou desconhecimento (ou os dois), não damos a nós mesmos a oportunidade de "subir de nível" na escala evolutiva humana que o universo nos presenteou.

Minha proposta é CHEGA!

Está na hora de AGIR de maneira efetiva.

> **APRENDER DEFINITIVAMENTE AMAR E RESPEITAR A CADA UM E, AINDA, UM POUCO MAIS SOBRE A VONTADE DE DEUS**

#Chega de sofrer!

O cérebro constantemente pergunta para mim e para você:

- "E aí? Podemos, com essa "nova maquininha" cerebral, passar para uma inteligência superior"?

- "Ou vamos insistir em seguir com nossas fraquezas e certezas, apenas nos defendendo a todo momento e por toda a eternidade"?

- Vamos "juntos" embarcar em uma inteligência superior.

Capítulo **XX**

DUAS PEQUENAS HISTÓRIAS REAIS

Do dia a dia em meu consultório.

História 1 – mãe e filha aguardam na sala de espera.

Chamadas para entrarem, vem apenas a mãe! A filha permanece aguardando ali, sentada, com um semblante muito triste.

- "Doutor! Eu estou aqui para que o senhor faça um exame de "corpo de delito" em minha filha. Ela não é mais virgem e eu vou processar aquele canalha do namorado dela".

- "Sente-se, senhora! Vamos conversar um pouco".

A mulher bufava pelas narinas – Certeza (ah! Terríveis certezas), raiva, medo, culpa, dor... E após ela se sentar eu disse:

- "A Senhora sabe quantos anos tinha Nossa Senhora quando engravidou de Jesus Cristo?"

E iniciei com toda a louca ladainha e peripécias humanas pelo mundo da sexualidade! Da normalidade, intensidade, direção dos impulsos sexuais, pelo amor que aproxima, que exige, insiste e cresce a cada dia. Contei a história, que ela com certeza conhecia e viveu, das mulheres "rasgando sutiãs" e das consequências hoje com tantos antidepressivos, ansiolíticos, autoflagelos e suicídios.

E não deixei de fora o Hiperativo do Amor.

Essa mulher começou a chorar, logo no início da minha fala, e depois passou a contar sobre a vida dela, as dores, as experiências ruins quando jovem, a revolta do pai quando soube do seu primeiro grande amor. Como havia frustrado propositadamente muitos dos seus sonhos por toda a vida, porque ela estava ali tão acima do peso, reativa e irritada com tanta coisa... e não dava conta da "mesma história" que agora passava com a própria filha. Talvez até com um pouco de inveja dela! Porque a filha estava lutando para vencer os limites impostos pela cultura, a mesma que a mãe não conseguiu derrotar.

Para resumir:

- Colocamos juntos como certo o quanto ela amava a filha, a família e como nossa cultura atual é capaz de destruir sonhos em nome de tantos outros "sonhos ilusórios" e o quanto isso torna muitas vezes a vida um enorme pesadelo.

Pedi para ela decidir como trataria a filha a partir de agora e que então saísse da minha sala, por alguns momentos, para que eu pudesse atender a "menina", a sós, para mim, uma mulher. Também pedi para que não falasse nada neste momento, apenas passasse por sua filha e desse, se assim quisesse e conseguisse, um pequeno sorriso e permanecesse aguardando na sala de espera. E assim ela fez.

Bem! Para falar a verdade, além do sorriso com cara de choro, deu um beijo na filha antes de sentar-se sozinha na sala de espera. Simbólico isso, não apenas o carinho, mas o reconhecimento de uma mãe e, principalmente, voltar para trás enquanto a filha vem para a frente, que é o permitir ao maior amor da vida dela assumir o próprio lugar no mundo. Senta ali filha! Disse a mãe que não aguentou e deixou correr mais uma lágrima. É realidade, o amor verdadeiro não aguenta.

Recebo e acolho a filha sozinha em minha sala. Ainda extremamente triste, confusa, mas assim como a mãe estava, com muita raiva, medo, culpa e dor. Cumprimentei sorrindo e logo que se sentou, perguntei, após um "quebra-gelo" inicial:

- "A Senhora sabe quantos anos tinha Nossa Senhora quando engravidou de Jesus Cristo"?

- E segui com toda a mesma ladainha e as incríveis peripécias sexuais humanas pelo mundo (e as "possíveis" vivências da mãe – identificação com o outro, uma das melhores estratégias para a compreensão).

Como sempre acontece nesses casos, aos poucos a feição dela começou a mudar. O reconhecimento de sentimentos e emoções, por parte de outro adulto, a aceitação e a valorização da "normalidade sexual", a deixavam cada vez mais feliz e, minuto a minuto que ouvia, respondia em um "diálogo" surpreendente adulto.

CLARO ELA É ADULTA!

Até que em determinado momento lembrou-se da raiva da mãe e disse para mim:

- "Mas e minha mãe, e meu pai"?

Ao que respondi:

- "Não sei"?

-"Vamos ver"?

- Confie em você e em seu amor.

Fizemos, juntos, a mãe entrar novamente em minha sala e posso dizer que foi uma das cenas mais lindas que presenciei. Um presente de Deus poder estar ali nessa hora de resgate, reconhecimento e encerramento de uma experiência ruim para duas grandes mulheres. Foi terapêutico para todos nós. Inclua-me nesta, sempre!

Estes dois seres humanos, filhos de Deus, olharam-se, abraçaram-se, e a mãe afetuosamente passou a mão nos cabelos da filha, ainda grudadas uma na outra e disse:

- "Eu te amo minha filha"!
- "Agora eu consigo te compreender"!

**EU TE AMO MINHA FILHA
AGORA EU CONSIGO TE COMPREENDER**

Imagine duplicar esta frase para o mundo?

Imagine esta frase sendo dita por cada mãe à própria filha.

E, por que não, por cada pai!

É o que eu mais desejo com este Programa.

História 2 – Já na sala de consulta, duas mulheres, mãe e filha, entram juntas, sentam-se e, ambas com uma carinha de felicidade, uma olha para a outra e a mãe diz:

- "Minha filha está grávida doutor"!

- Ela tem 16 anos e foi nesta idade que também engravidei. O pai da criança é um rapaz muito bom e já estão juntos há pouco mais de dois anos! Não é maravilhoso?

- Vamos ajudá-los e ambos continuarão estudando. Irão morar na casa dele para que ela aprenda um pouco da cultura da família do marido.

Lembrei neste momento que na Índia é assim que funciona. A filha deve conhecer a vida em família do marido, seus códigos e segredos para ela, a fim de poder melhor auxiliar no caminho dos dois, e o homem aprender cada vez mais com a própria mãe a dar suporte a uma grande mulher, a esposa. Ambos aprendendo com os pais, ainda em uma curva de aprendizado. Até se tornarem capazes de "decolar voo" e depois ensinarem tudo de melhor para os filhos. "E assim caminha a felicidade".

> **APRENDE-SE COM OS PAIS, DIFERENTES UNIVERSOS, E DEPOIS ENSINAM AOS FILHOS**

Não tenho comigo as respostas. Mas, existe um fato, real e assustador: da maneira como as coisas estão hoje em nossa sociedade não dá para continuar.

Posfácio

Enxergamos o mundo e as pessoas de maneira distorcida, cada um com uma lente diferente e incorreta, para onde quer que desejemos olhar. Mas não somos assim, míopes, de nascença!

Meu sonho é que sentemos juntos em uma mesa, adultos maduros, e de preferência com os jovens presentes, sem medos ou preconceitos, e possamos, lado a lado, buscar um caminho de equilíbrio.

Construir juntos um caminho de relacionamento e diálogo.

Afinal, são nossos filhos e não podemos mais abandoná-los.

Não podemos mais achar que os estamos protegendo enquanto eles estão de fato perdidos entre pulsões e nossa falta de referência, nossas falhas e ausências. Quando não somos espelhos para eles, qualquer traficante se torna herói!

Quero terminar este livro com esta frase:

- "Amor e Sexo adoram ver Você feliz! Deus também"!

Casais em todas as idades, em todos os tempos e em todos os lugares e origens estão esperando ansiosamente uma resposta de amor, de tolerância e compreensão. O bem para a nossa Sociedade exige agora uma atitude maior de homens e mulheres para que ela sobreviva e cresça de maneira mais harmoniosa, em todas as áreas.

E os jovens, nossos filhos, esses humanos que apenas vieram depois de nós, estão olhando angustiados para a gente, porque querem aprender "com os maiores" para se tornarem capazes de decidir o que farão em suas vidas.

Eu tenho pressa!

E você?

- Vamos pensar nisso juntos?

- E aí Cientista, Filósofo, Religioso?

Antes de encerrar...

E o idoso, não cabe mais neste contexto sobre o sexo?

Acredito que uma história de vida bem construída no amor, nos relacionamentos, atentos todos nós à alimentação e às atividades coerentes com nossa fisiologia, buscando sonhar por toda uma vida, avaliando e aceitando serenamente os traumas e dificuldades, nossa permissão e escolha para estarmos sempre de mãos dadas com Deus... a sexualidade, até o fim dos tempos, será apenas uma consequência agradável.

Junto com a comemoração numa sequência de derrotas e vitórias em nossa história (em outro livro eu provo que não existem derrotas, apenas mudanças de caminhos). O que todos queremos e esperamos, afinal?

- Muito, construir uma família em equilíbrio, praticar uma profissão que nos traga prazer tanto pelo lado emocional quanto financeiro e treinar essa grande parceria com Deus e o universo Dele. Queremos ser todos respeitados e amados. E, simples assim, precisamos viver em paz!

Vamos agora, imediatamente, reavaliar nossa Cultura, seus lados positivos, seus muitos benefícios. Mas, não podemos mais deixar de lado as forças negativas, usadas sempre como um gigantesco freio para o Imperativo Universal do Amor.

Nossos filhos olham ansiosamente para nós! Vamos à luta!

Espere! Mas..., e a "pós-maturidade", não vamos falar dela e nada aqui sobre...sexo? - Bem! Neste caso, só com muita Ciência, Reflexão e Fé. Mentira! Sexo é o IMPERATIVO DO AMOR para sempre!

E os idosos podem ajudar muito nessa verdadeira reconstrução.

Felicidades para você.

José Jacyr Leal Jr.

Bibliografia

Todo Amor do Mundo – Dr. Harville Hendrix
Por que Amamos A Natureza e A Química do Amor Romântico – Helen Fisher
O Adulto Diante da Criança de 0 a 3 anos – Andre Lapierre e Anne Lapierre
Da Psicomotricidade Relacional a Análise Corporal da Relação – Andre Lapierre
Pai Ausente Filho Carente – Guy Corneau
Pais + Filhos Companheiros de Viagem – Roberto Shinyashiki
Amar Pode dar Certo – Roberto Shinyashiki
Heróis de Verdade – Roberto Shinyashiki
Quem me Roubou de Mim? – Fábio de Melo
Um e Um São Três O Casal se Auto Revela – Philippe Caillé
Jogos e Diversões em Grupo – Volney J. Berkenbrock
Habitar Humano – Ximena DávilaYánes e Humberto Maturana Romesin
Como se Constrói o Conhecimento – Isabel Cristina Malta Garcia Makishima
Memória e Construções de Identidades – Maria Tereza Toribio Brittes Lemos e Nilson Alves de Moraes
Introdução à Análise Transacional – Manette Krack, Salomon Nasielski e Jacques Van de Graaf
Maestria – Robert Greene
O Segredo das Crianças Felizes – Steve Biddulph
Criando Meninos – Steve Biddulph
Adolescência Normal – A. Aberastury e M. Knobel
Terapia Familiar de Casal – Vera L. Lamanno Calil
A Família de que se Fala e A Família de que Se Sofre – J. A. Gaiarça
Uma História de Amor com Final Feliz – Flávio Gikovate
Agora Você está Falando a Minha Linguagem – Gary Chapman
Pais Brilhantes Professores Fascinantes – Augusto Cury
Escolhas – Roberto Aylmer
Crianças Francesas Não Fazem Manha – Pamela Druckerman
Autoestima – Lair Ribeiro
O Poder da Amizade – Tom Rath

BIBLIOGRAFIA

Comunicação Não Violenta – Marshall B. Rosenberg
Homem e Mulher – Seus Vínculos Secretos – Iara Camaratta Anton
Por que Tenho Medo de Lhe Dizer Quem Sou? – John Powell, S. J.
Felicidade é um Trabalho Interior – Souza e Solange Maria Rosset
O Laço e o Nó – Alfredo Simonetti
Síndrome de Peter Pan – Dan Kiley
O Gambá Que Não Sabia Sorrir – Rubem Alves
Você é Feliz? – Flávio Gikovate
Amor e Respeito – Emerson Eggerich
Crianças em Perigo – Johann Christoph Arnold
Tornar-se Pessoa – Carl R. Rogers
Perdas Necessárias – Judith Viorst
Diante da Dor dos Outros – Susan Sontag
Homens São de Marte Mulheres São de Vênus – John Gray
Duas Vidas Uma escolha – Sumaia Cabrera
A Família como Tradição – Olinto A. Simões
Socorro é Proibido Brincar – Maria Luiza Silveira Teles
O Amor A Segunda Vista – Bert Hellinger
As Mudanças no Ciclo de Vida Familiar – Betty Carter e Monica McGoldrick
Terapia Familiar – Michael P. Nichols e Richard C. Schwartz
Psicomotricidade: Filogênese, Ontogênese e Retrogênese – Vitor da Fonseca
O Jardim Perfumado do Xeque Nefzaui – Nefzaui
Medicina Sexual Básica – Eric Trimmer
Sexualidade Sem Fronteiras – Flávio Gikovate
Adolescência Hoje – Nelson V, Ismeri C, Ricardo Cavalcanti e Paulo R Canella
O Sexo Começa na Cozinha – Kevin Leman

Breve Currículo

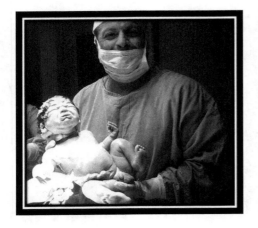

Todos os dias vejo nascer um "Ser Humano". Com o nosso apoio, será um cidadão Extraordinário!

ATIVIDADES SOCIOPARTICIPATIVAS:
Associação Médica do Paraná – AMP.
Delegado da Associação Médica Brasileira.
Federação Brasileira de Ginecologia e Obstetrícia – FEBRASGO.
Sociedade Paranaense de Ginecologia e Obstetrícia do Paraná – SOGIPA.
Médico do Corpo Clínico Hospital Santa Cruz e Hospital Santa Brígida.

PÓS-GRADUAÇÃO (além das especialidades médicas).
- Psicomotricidade Relacional – CIAR.
- Nutrologia – ABRAN.

CURSOS:
- Obstetrícia em Gestação de Alto Risco Hospital La Fé – Valência Espanha.

- Terapia Familiar Sistêmica – CTI.
- Neurolinguística – OTP.
- Emotologia – CC.
- Qualidade de Vida – PUC-PR.
- Medicina da Longevidade – GLS.

José Jacyr Leal Junior
Av. Silva Jardim, Nº 2042, Conj. 505 – Água Verde – Curitiba/PR – Brasil
Tel. (41) 3342-7632 / 99972-1508
caf@jacyrleal.com.br – www.jacyrleal.com.br

SUPERCONSCIÊNCIA/FAMÍLIA DO FUTURO